KB183901

휴식 찾기의 기쁨

휴식 찾기의 기쁨

지금의 나를 건강하게 하는 제철휴식

유보라 지음

넉스톤

차 례

쉼, 내 삶에 다양한
색깔을 입히는 일

나를 소개할 일이 있을 때마다 늘 하는 말이 있다.

"잘 쉬는 법을 몰라서 잘 쉬는 법을 연구하게 된 유보
라입니다."

어떤 사람에게는 농담처럼 들릴지도 모른다. 하지만
나에게는 꽤 진지한 고백이다. 나는 좋아하는 일에 과몰
입하는 경향이 있다. 속도를 제어하지 못하고, 에너지가
남으면 다 털어 써버리는 타입이다. 이런 특성들은 나를
자주 탈진 상태로 몰아넣었다. 방전되고 무기력에 빠졌음
에도 억지로 나를 일으켜야 할 상황도 잦았다.

그래서 궁금해졌다. 다른 사람들은 어떻게 쉬는지, '잘 쉰다'라는 감각은 대체 어떤 느낌인지. 주변 사람들은 어떻게 쉬는지 묻는 것만으로, 유명한 사람들은 쉴 때 무엇을 하는지 인터뷰를 찾아보는 것만으로는 만족이 되지 않았다. 모두가 간단히 넘기는 이 질문을 중요한 화두로 삼아야겠다고 결심했다.

"쉴 때 뭐 하세요?"

지난 몇 년간 1000명 이상의 사람들을 만나며 던진 이 질문은 단순한 호기심을 넘어선 연구가 되었다. 바쁜 일상 속에서도 중심을 잃지 않는 사람들의 공통점은 의외로 단순했다. 그들은 자신만의 '틈'을 가지고 있었다. 자신이 무엇을 좋아하는지 정확히 알고, 그것을 위한 시간을 일상 속에 배치해두었다. 삶을 정신없이 흘려보내다가도 어떤 순간에 충전이 되는지, 그 감각을 놓치지 않았다.

더 중요한 사실도 발견했다. 쉼의 방식은 사람마다 완전히 다르다는 것. 트렌드나 유행이 휴식에는 통하지 않았다. 좋은 쉼은 늘 지극히 개인적인 영역으로부터 시작됐다. 하늘을 올려다보는 찰나, 빗소리에 집중하는 순간, 자전거 페달을 밟는 리듬, 책상을 정돈하는 고요한 시간처럼 너무나 일상적인 순간들이었다.

누구에게나 적용되는 단 하나의 대단한 휴식법이 없다는 것이 내게는 큰 위로였다. 멋진 어른이라면 알고 있어야 하는 정답 하나를 나만 모르는 게 아니었다. 나밖에 알 수 없는 답을 오직 나를 위해 찾는 모든 과정이 '쉼'이었다. 나와 더 많이 대화하고 친해지는 것, 그것이 쉼의 목표였다.

그러니 쉼은 단순히 '여가 시간을 잘 보내는 팁' 정도로 끝날 작은 주제가 아니다. 오히려 "삶을 어떻게 살아가고 싶은가"라는 본질적 질문 앞에 우리를 세운다. 오늘 하루를 어떻게 보내고 싶은지에 답하려면 요즘 내가 무엇을 좋아하고 무엇을 피하고 싶은지부터 알아야 한다. 그렇게 내가 원하는 시간을 골라내고 내가 결정해서 보낸 하루하루는 삶의 주도권을 되찾는 연습이 된다. 이 책에서 나눌 우리의 연습은 하루 5분이나 일주일에 30분과 같은 작은 단위에서부터 시작될 것이다. 이 사소한 순간들을 내 일상에 두는 일이 삶을 얼마나 풍요롭게 만드는지에 대해 이야기할 것이다.

우리는 휴식을 앞두고 늘 망설인다. 더 바쁘게, 더 알

차게 살아야 한다는 부담감에 시달리지만, 정작 우리에게 필요한 건 잠시 멈춰도 된다는 안도감이었다. 쉬는 법을 잊은 게 아니라, 쉬어도 된다는 허락을 기다리고 있었던 것이다. 이 책은 당신에게 그 허락을 건넨다. 당신이 원하는 방식으로, 당신이 좋아하는 속도로 휴식을 찾아가는 여정을 함께하고 싶다. 그리고 그 과정에서 깨닫게 될 것이다. 쉼이란 단순한 멈춤이 아닌, 당신의 삶이 진정으로 원하는 속도를 찾아가는 여정이라는 것을.

이 책의 모티프가 된 뉴스레터 〈제철휴식〉을 소개하는 문구가 있다.

"휴식에도 제철이 있다면 그건 바로 오늘, 지금일 거예요. 오늘의 휴식을 내일로 미루면, 일상은 금방 상해버리니까요."

오늘의 쉼을 내일로 미루지 않는 정성스러운 마음을 나는 '사랑'이라고 부르고 싶다. 휴식을 위한 모든 탐험은 나를 사랑하는 마음에서 시작된다. 오늘 하루의 휴식도 소홀히 하지 않는 마음, 나를 위해 잠깐의 숨 쉴 틈을 만드는 마음, 불안하고 지친 나를 돌보고 싶은 마음이 이 탐험 내내 함께했으면 한다.

쉼, 내 삶에 다양한 색깔을 입히는 일

1장

잘 쉬는 것이 두려운 시대

"솔직히 말해서 먹고살기도 바쁜데 잘 쉬는 법까지 익혀야 한다는 게 부담스럽게 느껴졌어요."

한 워크숍 현장에서 이 말을 들었을 때 나는 온몸이 굳어버리는 것 같았다. 너무 솔직한 이야기여서 그리고 나도 늘 한편에는 빨리 달리고 싶은 마음이 시동을 걸고 있는 사람이라서 찔리기도 했고, 공감이 가기도 했다.

나는 잘 쉬는 것에 대한 이런 냉소를 심심치 않게 목격한다. 세상의 속도에 맞추려면 더 빠르게 뛰어야 할 것 같고, 현재를 소진해서 미래를 보장해두지 않으면 불행해질 것 같고, 나이대별로 꼭 알아야 할 조언들을 놓치면 손해 볼 것만 같은 분위기가 우리를 불안하게 만든다.

그래서 우리는 두렵다. 멈추면 뒤처질까 봐, 천천히 가면 게을러질까 봐, 스스로에게 주는 여유가 사치로 느껴질까 봐 잘 쉬어가는 일이 두려울 수밖에 없다. 그 마음은 이해되지만 조금 더 명확히 따져볼 필요가 있다. 우리가 쉼을 너무 추상적으로 알고 있지는 않은지, 쉼에 대한 오해가 너무 깊지는 않은지, 한 번도 쉼에 대해 진지하게 생각해본 적이 없는 것은 아닌지 말이다.

지난 몇 년간 휴식 워크숍을 진행하며 쉼에 대한 다양한 고민을 가진 참가자들을 만나왔다. 그들의 이야기를 통해 쉼에 대해 사람들이 품고 있는 오해를 3가지로 정리할 수 있었다.

이 깊은 오해들을 천천히 바로잡고 싶다. 좋은 쉼이란 단순히 잘 충전해서 업무의 몰입을 이끄는 수단이 아님을, 우리가 가진 모든 과업을 다 해결한 후에 노년에 누릴 수 있는 멋과 여유가 아님을 말하고 싶다. 또한 남들에게 자랑할 만한 멋진 휴가지에 가거나 하루 종일 누워 있는 것이 아님을 말하고 싶다.

첫 번째 오해,

잘 쉰다는 것은 아무것도 안 하는 일이다?

많은 사람이 쉼을 아무것도 하지 않는 상태로 여긴다. 하지만 제대로 쉬는 것은 단순한 정지가 아니다. 오히려 내 시간의 사용 방식을 바꾸는 것에 가깝다. 특별한 일정이 없는 휴일을 떠올려보자. 우리는 종종 가장 편한 자세로 누워 스마트폰을 만지작거리거나, 새롭지만 내게 특별한 의미가 없는 자극들로 시간을 채운다. 해야 할 일이 떠오르지만 막상 움직일 힘이 없어 찜찜한 마음으로 시간을 흘려보낸다. 우리가 휴식이라고 믿는 많은 시간을 살펴보면 사실 제대로 된 회복의 시간이 아닌 경우가 많다.

좋은 쉼은 '내가 무엇을 하고 싶은지'를 분명히 결정하는 데서 시작한다. '지금부터 2시간 정도 유튜브를 봐야지'라고 마음먹고 보는 것과, 무의식적으로 스마트폰을 붙잡고 있는 것은 다르다. 후자의 경우 눈도, 허리도 아픈데 불안한 마음에 스크롤을 내리고 있을 뿐이다. 진짜 회복은 내가 필요로 하는 것을 알아채고, 이를 스스로 허락하는 데 있다. 일주일 내내 새로운 프로젝트에 도전해 지쳤다면, 스스로를 위로하며 하루를 오롯이 스마트폰 콘텐츠를 보는 데 써도 괜찮다. 중요한 것은 이 시간이 내 선택

임을 인지하는 일이다. 그럴 때 느껴지는 회복감과 만족
감은 훨씬 크다.

쉼은 아무것도 하지 않는 것이 아니라, 오히려 내가
무엇을 더하거나 덜어낼지 능동적으로 결정하는 시간이
다. 산책을 하기로 결심하거나 특정 모임을 가지 않기로
선택하는 일도 포함된다. 결국 쉼은 내가 시간을 다루는
방식에 변화를 주는 일이다.

두 번째 오해,
시간이 많아야 잘 쉴 수 있다?

시간이 많아야 한다는 것도 흔한 착각이다. 물론 물
리적인 시간이 필요하지만, 시간의 양이 쉼의 질을 보장
하지 않는다. 9년 전 퇴사했을 무렵이 떠오른다. 퇴사만
하면 24시간이 온통 내 것이니 아침에는 스타벅스에 가서
노트북으로 작업을 하고, 점심에는 집에서 솥밥을 만들어
먹고, 오후에는 간단히 집 청소를 하고, 저녁에는 산책을
하면서 보내겠다는 행복한 상상을 했다.

그러나 내가 그린 이상적인 하루는 며칠이 지나지 않
아 사라졌다. 아무것도 안 했다는 생각이 드는 날은 곧 불
안해졌다. 24시간이 모두 내 것이라고 생각하면서 살아본

적이 없으니 하루를 온전히 채울 방법을 몰랐다.

　　그때 처음으로 깨달았다. 지금껏 내 시간의 중심은 항상 '해야 할 일'이었다는 것을. 해야 할 일을 마치면 뿌듯함을 느꼈고, 그렇지 못하면 자괴감에 빠졌다. "해야 할 일을 다했는가?"라는 기준으로 하루를 평가하던 습관은 시간 운영의 유연성을 빼앗았다. 나는 내 시간을 다룰 줄 몰랐다.

　　내가 원하는 시간을 명확하게 알게 된 계기는 기록을 시작하면서부터였다. 일주일을 돌아보며 시간의 흐름을 시각화하는 컬러루틴 기록을 통해 흘러가는 시간들을 기록하는 법을 익혔다. 긍정적이든 부정적이든 인상적인 감정이 느껴지는 시간에는 스티커를 붙였다. 주로 이런 시간에 스티커가 붙여졌다.

　　　좋아하는 카페에서 아이스라떼를 마시는 시간
　　　조명을 어둡게 낮추고 좋아하는 노래를 듣는 시간
　　　버거운 약속이 잡힌 시간
　　　해야 할 일을 미뤄두고 어영부영 보낸 저녁 시간

　　기록을 하면서 내가 좋아하는 시간, 힘들어하는 시

간에 대한 단서들을 쌓을 수 있었다. 꼭 긴 시간이 필요한 것은 아니었다. 30분일지라도 밀도 높은 휴식은 의미 있는 시간으로 기억됐다. 긴 시간보다 더 중요한 것은 내가 원하는 방식으로 휴식에 집중할 수 있느냐였다. 내 마음이 좋은 시간을 일주일에 단 5분이라도 허락할 수 있느냐가 휴식의 밀도를 결정했다.

세 번째 오해,
너무 많이 쉬다 보면 게을러진다?

휴식과 게으름을 잘 구분하지 못하는 경우도 많다. 주말에 온종일 누워서 보내면 "하루를 낭비했다"라고 자책하고, 반대로 할 일로 빽빽이 채우면 뿌듯해하는 것은 우리의 흔한 패턴이다. 이런 행동이 하나의 루틴이 되어 결국 게으름이 삶의 지배적인 장면이 될까 봐 걱정하기도 한다.

하지만 자신을 몰아세워 부지런해지려는 방식은 지속 가능하지 않다. 나를 혼내는 방식으로 만든 루틴은 한 번만 삐끗 잘못해도 마음속에서 큰 비판이 올라오기 때문에 금세 동력을 잃는다. 바쁘고 힘든 한 주를 보냈다면 휴일에 게을러지는 것은 당연하다. 미처 감지하지 못했지만 불안이 쌓인 상태라면 에너지 역시 부족해진다. 그래서 게으름보다 중요한 건 "왜 쉬지 못하는지", 무엇이 나를 힘들게 하는지 질문을 던지는 것이다.

쉬지 못하는 이유는 단순하지 않을 수 있다. 이때 필요한 것은 분명 그럴 만한 이유가 있다고 스스로를 믿어주는 다정함이다. 요즘의 내가 괜찮은 상태인지를 알려면 먼저 나를 꽤 면밀히 관찰해야 한다. 정신없고 바쁜 일상을 보낼 때는 내 마음과 상태, 에너지 수준을 정확히 감지하기가 어렵다. 그럴 때마다 "지금 괜찮아?"라고 물어보는 연습을 해야 한다. 내가 나의 다정한 보호자가 되어 나와의 대화가 어렵지 않고 잘 묻고 답할 수 있는 상태라면 그 이유를 찾는 일이 그리 어렵지 않을 것이다.

연습이 많이 부족한 상태라도 괜찮다. 지금 이 순간부터 내 상태를 알아차리는 연습을 시작하면 된다. 혹시 이 글을 읽고 있는 지금 거북목 상태인지, 목이 마른 줄도 모르고 같은 자세로 계속 앉아만 있는지, 머리가 지끈거리는데도 억지로 책을 읽고 있는지, 아니면 반대로 기분이 좋거나 마음이 편한 상태로 독서를 즐기고 있는지를 확인해보자. 이것을 감지하는 데는 5초도 걸리지 않는다. 내 상태를 인지하는 연습이 쌓이면, 게으름에 대한 막연한 비판보다 구체적인 자기 돌봄이 가능해진다.

"솔직히 말해서 먹고살기도 바쁜데 잘 쉬는 법까지
익혀야 한다는 게 부담스럽게 느껴졌어요"라고 말했던 참
가자가 그 뒤에 덧붙인 말이 있었다.

"그런데 쉼에 대해 고민하다 보니 그동안 스스로에
대해서 너무 몰랐다는 생각이 들었어요. 요즘 내가 뭘 좋
아하는지, 어떤 게 필요했는지 거의 모른 채 살아가고 있
다는 것도 느껴졌고요. 주말이 어떻게 지나갔는지 모르겠
다고 후회하기보다는 좋아하는 일 하나라도 해보려고 해
요. 예를 들면 일요일 아침에 느긋하게 차를 한 잔 마시거
나, 자전거를 타는 것처럼요."

잘 쉰다는 건 우리가 두려워해야 할 대상이 아니다.
반드시 해내야 할 숙제도 아니며, 거창한 무언가도 아니
다. 잘 쉰다는 건, 그저 나와 친해지는 일이다. 무엇이 필
요한지 내게 더 많이 물어보고 나 자신과 더 깊은 대화를
나누는 일이다. 나를 아끼는 마음으로 내가 좋아하는 것
을 해주는 일이다. 피곤한 나를 위해 한 박자 쉬어가기로
결정하고, 느린 나를 기다려주고 믿어주는 일이다. 그래서
쉼은 나를 아주 깊숙하게 사랑하는 일이다. 두려움의 장

막을 거둬내고 스스로를 사랑하는 시간을 더 많이 만들어
주자. 좋은 쉼은 그것을 늘 가능하게 한다.

몸과 마음의 신호를
감지하는 휴식

마케터로 일하던 시절, 나는 늘 바빴다. 열정과 배움의 욕망으로 가득했고 그만큼 인정받고 싶다는 마음도 컸다. 하지만 정작 몸이 힘들거나 마음이 불안할 때 나 자신에게 "지금 괜찮은지" 물어본 적은 거의 없었다. 그런 개념 자체를 모르고 살았던 것 같다.

인정받고 싶다는 욕구가 늘 다른 욕구를 압도했다. 새로운 일이 무리하게 추가되면 싫으면서도 좋은 복잡한 감정을 느꼈다. 일이 많아질수록 시간을 쪼개고 쪼개 써야 했다. 쉴 시간이 부족해질수록 예민해졌다. 마감이 밀리기 시작했고, 실수가 잦아졌다. 업무가 쌓일수록 몸과 마음의 여유는 사라졌다. 물 한 잔 마시는 일조차 뒤로 미뤄질 때가 많았다.

　그날도 그랬다. 업무 중 배가 아팠지만 소화 문제겠지 하며 넘겼다. 그러나 통증은 점점 심해졌고, 퇴근길 지하철에서 더 이상 참을 수 없게 됐다. 결국 바로 응급실로 이동했는데, 방광염과 장염이 동시에 왔다는 진단을 받았다. 심각한 병이 아니라는 안도감 뒤에 허탈감이 밀려왔다.

　먹은 음식을 제대로 소화시키지 못한 것. 화장실을 제때 가지 않은 것. 기본적인 생명의 욕구도 지키지 못한 채 나는 무엇을 좇아 달렸을까. 몸과 마음이 보내는 모든 강력한 신호들을 무시한 채 어디로 나아가고 있던 걸까. 아주 잠깐이라도 멈춰서 스스로에게 물어볼 수는 없었을까. 지금 괜찮냐고.

　돌이켜 보면 무수한 신호들이 있었다. 한순간도 깜빡이지 않고 스크린을 응시하고 있던 눈은 너무 메마르다는 신호를 보냈을 테고, 스트레스를 풀려고 먹었던 자극적인 점심 식사는 제대로 소화되지 않은 채 가만히 앉아만 있는 위장에 무리를 주었을 것이다. 정신을 차리려고 마셨던 아이스커피 몇 잔 때문에 항상 목이 마르고, 어려운 과제를 해결해야 하는 머리는 늘 뜨거웠을 것이다. 그 상태로 집에 도착하면 손 하나 까딱할 힘이 없어, 겨우 씻고 누워 스마트폰만 뒤적이는 나를 또 혼내며 잠이 들었을 것이다.

그러는 동안 무엇보다 마음이 많이 지쳐갔다. 미뤄둔 일들이 쌓일수록 도망치고 싶은 마음과 책임감 사이에서 혼돈을 겪었다. 업무 시간에는 딴생각이, 퇴근 후에는 일 생각이 끊이지 않았다. 힘든 나를 외면하느라 진짜 내가 원하는 것과는 점점 멀어졌다.

퇴사는 결단이라기보다는 자연스러운 흐름이었다. 운영하던 인테리어 블로그가 잘되면서 나만의 일을 하고 싶어졌기 때문이다. 그러나 새로운 일을 시작하고 나서도 불안은 따라왔다. 동료도, 명확한 기준도 없는 상황에서 나는 여전히 내 가치를 의심했다. 성과나 진전이 없으면 곧 초조해졌다. 일에 대한 불안과 책임감이 번갈아 스스로를 몰아세웠다. 끝내 채워지지 않는 인정 욕구에 조금씩 지쳐갔다.

어느 날, 집으로 돌아오던 길에 노을이 보였다. 무심코 바라보던 그 순간 내 모습이 눈에 들어왔다. 생기 없는

잘 쉬는 것이 두려운 시대

눈과 무심한 걸음, 자주 내뱉는 한숨. 그렇게 힘든데도 스스로를 몰아세우는 내가 안쓰러웠다. 처음으로 나를 멈추게 하고 싶다는 생각이 들었다. 그동안 달려온 길을 천천히 되짚어봤다. 너무 빨리 달려온 내가 그리고 여전히 불안으로 자신을 다그치고 있는 내가 너무 애처로웠다. 나를 안아주고 싶다는 생각이 들었다. 그날 이후, 조금씩 멈추는 연습을 해보기로 했다.

멈춘다는 건 큰 변화가 아니었다. 처음에는 아주 사소한 일부터 시도했다. 지하철역으로 가는 길에 잠시 하늘을 올려다보거나, 좋아하는 음악 한 곡만 온전히 감상하는 식이었다. 그러면서 나를 조금씩 관찰해보았다.

내게 기쁨을 주는 일이 무엇인지, 어떤 순간이 나를 지치게 만드는지 알고 싶었다. 그래서 기록을 시작했다. 특별할 것 없는 일상이었지만, 매일 조금씩 적어나갔다.

작은 성취감이 느껴지는 일들
식물 씨앗을 심어서 새싹을 틔우는 것
처음 도전해보는 레시피로 요리를 완성하는 것
오래 미뤄둔 방 청소를 하는 것

내게 힘을 주는 일들
기분에 맞는 플레이리스트를 고르는 것
소소한 문구용품을 쇼핑하는 것
친구와 깊이 있는 대화를 나누는 것

쉽게 기분 전환이 되는 일들
샤워 후 낮잠을 자는 것
옥상에 올라가 하늘을 바라보는 것
시원한 탄산수를 한 모금 마시는 것

이런 기록은 내 감정을 자각하게 해줬다. 책상 앞에 너무 오래 앉아 있던 날, 낯선 모임에서 홀로 이방인처럼 느껴졌던 날, 밤늦게 스마트폰을 보다 불편한 마음으로 잠든 날처럼 내 마음을 힘들게 하는 순간들도 함께 기록하기 시작했다. 용기가 없는 나, 뚱하고 의욕 없는 나를 가감 없이 기록하며 나와 가까워질 수 있었다. 기록은 내 삶을 지탱했다. 기분이 좋지 않을 때도 목록을 꺼내 보는 것만으로 작은 힘을 얻었다. 내가 힘들었던 이유를 조금씩 이해할 수 있었고, 그 과정에서 거리를 두고 나를 관찰하는 법을 배웠다.

잘 쉬는 것이 두려운 시대

기록은 점차 하루를 계획하는 습관으로 이어졌다. 아침이면 어제를 돌아보며 몸과 마음의 상태를 살폈다. '어제는 회의만 5시간을 했더니 목이 뻐근하네', '저녁에 친구들과 수다 떨면서 웃었더니 마음이 한결 가벼워졌어'와 같은 작은 관찰들이 쌓여갔다. 이런 관찰은 자연스럽게 오늘을 위한 작은 계획으로 이어졌다. 어제 하루 종일 모니터만 보며 일했다면, 오늘은 점심 먹고 잠깐이라도 밖에 나가 하늘을 보기로 했다. 어제 늦게 먹은 저녁 때문에 속이 더부룩했다면, 오늘은 집에서 가벼운 식사를 하기로 마음먹었다.

처음에는 단순한 일상의 기록이었지만, 이 작은 습관들이 쌓이며 나는 서서히 변화하고 있었다. 회의가 길어질 때면 중간에 잠시 화장실을 다녀와 호흡을 고르고, 머리가 복잡해지면 좋아하는 음악을 들으며 산책을 하는 식으로 일상 속 작은 순간들을 더 의식적으로 만들어갔다. 그러면서 자연스럽게 내 몸과 마음이 보내는 신호에 귀 기울이게 됐다. 무엇보다 중요한 변화는 나를 대하는 태도였다. 쉼 없이 달리기보다는 중간중간 멈춰 내 상태를 확인하고, 에너지가 넘칠 때는 스스로가 원하는 것을 시도해주는 식으로 균형을 맞춰가는 법을 배웠다. 내 목소리를 듣기 위해 주파수를 세밀하게 맞추고, 그 중심을 찾아가기 시작했다.

그럼에도 불구하고 무력한 날들이 있었다. 아무리 노력해도 의욕이 생기지 않고, 작은 일에도 쉽게 지치는 날이면 혼자만의 힘으로는 버거웠다. 그런 날에는 주변의 도움이 필요했다. 특히 남편과는 정말 많은 대화를 나눴다. 심난할 때면 커피 한 잔을 가운데 두고 마음에 쌓인 먼지들을 솔직하게 털어놨다. 그렇게 대화를 하고 나면 흔들리던 마음속 깊은 의심들이 조금씩 작아졌다. 밖으로 꺼내 말하고 흩어지는 과정을 반복하며 무거웠던 생각도 한결 가벼워졌다. 친구들의 사소한 칭찬도 감사히 내 것으로 삼았고, 서로의 고민을 나누며 위로를 주고받았다. 혼자서는 해결되지 않던 문제들도 누군가와 나누고 나면 분명한 실마리가 보였다. 내면의 에너지가 부족할 때마다 이런 외부의 따뜻한 응원이 삶의 동력이 되어주었다.

돌아보니 모두 과정이었다. 치열하게 달리며 인정받고 싶어 했던 그때의 나도, 지금처럼 천천히 걸으며 스스로를 살피는 나도, 모두 각자의 방식으로 삶을 지켜내고 있었다. 인정받고 싶어 애썼던 나를 미워할 필요는 없었다. 그 시절의 나는 나름대로 최선을 다했고, 그런 노력 속에서 무엇을 잃어버렸는지도 배울 수 있었다.

지금은 조금 다른 방식으로 스스로를 사랑하는 법을 배워가고 있다. 목마름을 느끼는 순간 물 한 잔을 찾고, 두통이 생기면 잠시 멈추고, 기쁨과 상처를 들여다보며 여전히 나를 배우고 있다.

몸과 마음의 신호를 느끼며 시시때때로 내게 지금 괜찮은지를 물어보고, 필요하다면 아래의 항목을 차례대로 질문해보세요.

1. 몸과 마음의 신호를 감지할 수 있는 질문 리스트

☐ 지금 거북목 자세로 앉아 있나?

☐ 몇 시간째 물을 마시지 않고 무언가에 집중하고 있나?

☐ 두통이나 머리가 뜨거워짐을 느끼지 못한 채 몰두하고 있나?

☐ 눈이 뻐근하고 피로하지는 않나?

☐ 화장실에 가야 한다는 신호를 무시하고 있나?

☐ 마음이 지쳐서 속도가 나지 않는다는 것을 알고 있나?

☐ 원래 하려던 일에 집중하지 못한 채 계속 다른 일만 하고 있나?

☐ 불안한 마음으로 나를 자책하고 있나?

2. 해당하는 항목이 있다면, 지금 나를 도울 수 있는 방법을
적어보세요.

▷ 예) 숨을 크게 3번 쉬어보기, 10분 동안 산책하기, 잠시 눈 감고 있기, 화장실
에 다녀온 후 간식 먹기, 일로부터 잠깐 멀어질 수 있는 콘텐츠 보기, 내 마음을
일기장에 적어보기

잘 쉰다는 것과
삶의 주인이 된다는 것

어린 시절부터 공간을 바꾸는 일에 관심이 많았다. 부모님 집에서도 내 방만큼은 나다운 곳으로 만들고 싶었다. 가구를 옮기고 작은 소품들로 분위기를 바꾸는 일은 늘 설렜다. 결혼 후에는 집 전체가 내 놀이터가 되었다. 예산이 넉넉하진 않았지만 셀프 인테리어로 집 구석구석을 고쳤고, 그렇게 꾸민 모습을 블로그에 올렸다. 그러다 우연히 포털 메인에 소개되면서 인테리어 블로거가 됐다. 여행사 마케터였던 내게 새로운 길이 보이는 순간이었다.

그즈음 친구의 게스트하우스 창업을 지켜보며 용기가 생겼다. 인테리어와 여행이라는 2가지 좋아하는 일이 만나는 접점이라면 나도 할 수 있을 것 같았다. 그렇게 인

잘 쉬는 것이 두려운 시대

테리어 블로거이자 게스트하우스 운영자로서 새로운 커리어 실험을 하기 위해 퇴사를 결심했다.

　퇴사를 하고 1년 반 정도의 시간이 흘렀을 때, 남편도 자신의 일을 하고 싶어 했다. 그는 회사 생활을 정리하고 프리랜서로 일하고자 했다. 그 결심을 존중하면서도 솔직히 다시 고민에 빠졌다. 만약 남편이 퇴사한다면 나는 다시 안정적인 수입을 위해 직장으로 돌아가야 한다고 생각했다. 몇 년간 그가 나를 지원해줬으니 이제 내가 그의 도전을 지원해줘야 한다고 믿었다.

　그러나 마음 한구석은 여전히 불편했다. '회사로 돌아가는 게 정말 내 선택일까?' 하는 의문이 들었다. 직장 생활은 경제적 안정과 배움의 기회를 제공했지만, 늘 정해진 길 위에서의 선택이었다. 생각해보면 내 인생의 중요한 결정들은 대부분 사회가 정해놓은 틀 안에서 이루어졌다. 대학을 졸업하고, 안정적인 직장을 다니고, 집을 마련하는 일까지 모두 당연한 선택으로 여겨졌고, 그 길을 벗어나려고 할 때마다 항상 두려웠다.

　퇴사는 인생에서 처음으로 내가 원하는 방향으로 걸

음을 내디딘 일이었다. 안정감을 내려놓고 스스로 선택한 그 길을 다시 되돌려야 하나 고민했지만, 용기를 내어 한 번 더 나 자신을 믿고 싶었다. 남편과 오랜 시간 앞으로의 삶에 대해 허심탄회하게 이야기했다. 우리 둘 다 창작자로 살고 싶었다. 방향은 불분명했지만, 할 수 있는 만큼 해보기로 했다. 남편은 결국 회사를 그만두었고, 그 길로 우리는 제주도로 한달살이를 떠났다.

회사에 얽매이지 않은 상태였기에 서울을 떠나 새로운 곳에서 살아보는 실험을 해보고 싶었다. 나는 글을 써볼 생각이었고 제주도에서 새로운 일도 찾아보고 싶었다. 남편은 미뤄뒀던 음악 작업을 시작하며 자신의 방향을 고민할 예정이었다.

처음 2주는 꿈만 같았다. 제주의 바다는 눈부셨고 바다를 바라보며 걷기만 해도 좋았다. 오랜만에 마음대로 살아보는 자유를 만끽했고, 새로운 환경에 적응하는 일도 즐거웠다. 그런데 2주가 지나면서 작은 불안들이 피어오르기 시작했다. 일단 나는 생각보다 글이 잘 안 써졌다. '지금 여기 내려와서 뭐 하고 있는 거지?'라는 의심이 들기 시작했다. 불안을 덮기 위해 새로운 시도를 해야만 했다. 게스트하우스 자리를 알아본다는 명목으로 제주의 부동

잘 쉬는 것이 두려운 시대

산을 돌아다녔지만 구체적으로 그려지는 일들은 없었다. 놀랍게도 그 아름다운 제주의 옥빛 바다가 눈에 들어오지 않았다. 정말 믿을 수 없는 마음의 변화였다.

결국 한 달 만에 서울로 돌아온 후 곰곰이 생각해봤다. 내 행복의 유예기간은 왜 딱 2주뿐이었을까. 제주는 새로운 변화를 위해 떠난 곳이 아니었다. 혼란을 피하기 위해 다른 자극을 찾아간 곳이었다. 하지만 그때는 이런 내 마음을 알 리가 없었다. 나는 나 자신과 충분한 대화를 할 준비가 되어 있지 않았고, 큰 결정 앞에서 도망치고 싶은 마음을 마주하기가 두려웠다. 천천히 가더라도 나를 기다려줄 만한 여유가 있는지, 마음 편히 놀고 싶은지, 무언가 비우고 싶은지, 일탈을 하고 싶은지 등 지금 나에게 무엇이 가장 필요한지 물어보지 않았다. 스스로가 무엇을 원하는지 정확히 알지 못했기 때문에 내 시간의 주인이 되는 대신 시간에 끌려다니기 바빴다.

일상에서도 종종 시간에 끌려다닌다. 저녁을 먹고 소파에 누우면 빨려 들어가듯 유튜브를 본다. 시간은 순식간에 흘러가고, 찜찜한 기분이 몰려온다. '오늘은 피곤하니 푹 쉬자'라는 자발적 선택 대신, '재미도 없는데 왜 보고 있지?'라는 허망함을 느끼며 시간을 보낸다. '저녁 먹고 뭐 하고 싶어?'라는 질문을 스스로에게 던지지 못한 채, 매일 타는 컨베이어 벨트에 올라 시간 속으로 빨려 들어간다.

이런 시간은 대개 무감각하게 흘러간다. 스트레스를 풀기 위해 과식을 하고, 피곤한 몸으로 무리한 운동을 하거나, 무기력한 마음으로 쇼핑에 빠질 때도 마찬가지다. 기억에 남지 않는 시간들, 스쳐 지나간 시간 속에서 내 감정조차 흐릿하다.

미하이 칙센트미하이는 "삶의 질은 우리가 매 순간 얼마나 깨어 있는지에 달려 있다"라고 말했다. 물론 24시간을 또렷하고 명확한 상태로 사는 것은 불가능하다. 게임으로, 스마트폰으로, 야식으로, 수다로 잠시 눈을 돌려야 숨 쉴 틈이 좀 생기기 때문이다. 모든 순간을 직면하고 스스로 결정하며 주도적으로 살 수는 없다. 하지만 내가 지금 무감각의 굴레에 있다는 사실조차 모른다면 결국 지치고 말 것이다. 무감각의 시간 속에 있을 때는 내가 거기에 들어가 있는지도 모르기 때문에 빠져나오는 일도 쉽지가 않다.

아주 작고 사소한 시간에서부터 이 연습을 해보면 좋

다. 휴일에 20분간 산책을 한다고 생각해보자. 평소에 가지 않던 새로운 길로 가볼 수도 있고, 중간에 목이 마르면 편의점에 들를 수도 있다. 벤치에 앉아 잠깐 쉬었다가 갈 수도 있고, 마음에 드는 음악을 들으며 걷거나 바람을 맞으면서 아주 느린 걸음으로 천천히 걸을 수도 있다. 이 산책을 하는 시간만큼은 온전히 내가 운전대를 잡고 원하는 곳으로 간다는 느낌, 깨어 있다는 느낌이 들 것이다.

어제 하루를 떠올려보자. 아침에 먹은 요구르트 맛이 제일 먼저 생각날 수도 있고, 다이소에서 한 소소한 쇼핑이나 우연히 본 하늘의 구름 한 조각이 떠오를 수도 있다. 어쩌면 어제가 벌써 희미해졌을지도 모른다. 시간의 밀도가 낮았다면, 우리의 기억도 흐릿해진다.

시간의 주인이 된다는 건 하루를 또렷이 기억하는 일이다. 길고 거창한 계획이 아닌, 매 순간 작은 선택들을 의식적으로 하는 것에서 시작된다. 자주 멈춰 내게 묻고, 원하는 것을 살피는 일. 자기 전 오늘 하루를 떠올렸을 때 내 마음이 따라간 시간을 하나라도 남기는 일이다.

이제 우리는 더 구체적인 이야기를 나눌 것이다. 평일의 분주한 일상 속 휴식법부터, 주말을 온전히 나의 것으로 만드는 법, 힘든 감정을 마주하는 법, 그리고 휴식을 통해 성장하는 법까지. 이 모든 이야기의 시작점은 지금 이 순간, 나를 알아차리는 것이다. 무감각했던 시간에서 벗어나 온전히 나의 것이 되는 시간을 만드는 여정을 함께 시작해보자. 우리가 만들어갈 선명한 하루하루가 기대된다.

2장

평일의 휴식

주말만 기다리지 않기 위하여

기꺼이 비효율적으로
살 자유

일을 하거나 누군가와 협업을 하면서, 또 여행을 가거나 게임을 하면서 새롭게 발견한 나의 특징이 하나 있다. 바로 '효율'을 무척 중요하게 여긴다는 사실이다. 주어진 일을 얼마나 짧은 시간에 해결할 수 있는지, 최소한의 자원과 에너지로 결과에 도달할 수 있는지를 중요하게 생각한다는 뜻이다. 업무나 일상의 크고 작은 일에서 이런 모드가 자주 발동한다.

효율을 중요시한다는 것은 반대로 말하면 비효율의 불편함을 잘 견디지 못한다는 의미다. '지금 저 신호등을 건너면 약속 시간을 지킬 수 있는데' 하며 뛰다가 신호를 놓치면 지나치게 아쉬워한다. 또는 보드게임 중 '지금 이 카드만 딱 들어오면 승점을 딸 수 있는데' 하다가 마침 그 카드를 상대가 쥐고 있다는 걸 알았을 때 심하게 개탄하는 식이다.

이런 성향이 일상 속에 좀 더 교묘하게 숨어 있는 경우도 있다. 멋진 풍경을 봤을 때 재빨리 사진으로 남기는 일이 그렇다. 이 장면을 최대한 간단하고 쉽게 내 것으로, 내 기억으로 만드는 데 스마트폰으로 기록하는 것만큼 효율적인 방법이 없다. 이 효율의 짜릿함을 이겨내지 못하고 손은 눈보다 더 빠르게 순간의 장면들을 저장하려고 애쓴다.

아주 가까운 거리도 시간을 아끼기 위해 버스나 택시로 이동하는 것, 세탁기나 전자레인지를 돌려놓고 그사이에 할 일을 또 찾는 것, 길거리를 걸으며 업무를 처리하거나 밥을 먹으며 해야 할 일들을 정리하는 것 모두 효율이 앞서는 경우라고 할 수 있다. 이런 성향은 삶 전반에 은은하게 깔려 있기 때문에 평소에는 잘 감지되지 않다가 어느 순간 퍼즐이 맞춰지듯 인식되기도 한다.

효율이 주는 편리함과 이익도 있지만 어두운 면도 분명히 있다. 헐레벌떡 달리느라 보지 못했던 횡단보도 앞가로수의 아름다움, 이기는 것에 집중해 잊었던 보드게임의 낭만과 즐거움, 길을 잃어야만 발견할 수 있는 새로운 골목들의 흥미로움은 그 순간 향유할 수 있었던 다양한 감각과 감정을 놓치게 만든다.

모든 시간을 낭만적으로 살아갈 수는 없지만, 반대로 모든 시간을 효율만 추구하며 살아갈 수도 없다. 중요한 건 효율적이어야 하는 상황과 비효율로 남겨두어야 하는 상황을 스스로 잘 구분하는 일이다. 어떤 것들은 느리게 흘러가도록, 어떤 것들은 길을 잃도록, 어떤 것들은 돌아가는 과정 자체를 즐기며 기꺼이 손해를 보도록 남겨두어야 한다.

조나단 말레식의 《번아웃의 종말》(송섬별 옮김, 메디치미디어, 2023)이란 책에 이런 구절이 나온다.

> "중세 수도사들은 기도할 시간을 늘릴 수 있도록 농업 노동을 개량하고자 물레방아를 도입한 얼리어답터였다. 크라이스트 인 더 데저트 수도원의 수도사들은 태양열 전지와 위성통신에 의지한다. 베네딕트회 수도사들은 효율성을 중시한다. 그저 기도에 있어서만은 효율을 따지지 않을 뿐이다. 15세기 수사들은

기도를 간소화하려는 그 어떤 노력도 하지 않았다."

삶에서 가장 중요한 기도를 간소화하려는 그 어떤 노력도 하지 않았던 수도사들의 삶은 그야말로 중요한 것을 중요한 것으로 남겨두는 일에 가까웠다. 내게 효율적이었으면 하는 것들과 비효율적이었으면 하는 것들 사이의 선을 명확히 긋는 일은 내 삶의 우선순위가 무엇인지를 아는 일과도 같다.

어느 날 이런 질문이 생겼다. '나에게 기도(비효율적으로 남기고 싶은 일)는 무엇인가?'

가장 먼저 생각난 일은 요리였다. 아무리 바빠도 나를 위해 느리게 요리하는 시간을 남겨두고 싶다. 햇반이나 밀키트를 활용하는 대신 천천히 쌀을 씻고 야채를 다듬고 여러 가지 양념을 꺼내어 넣고, 음식이 다 익을 때까지 불 앞에서 종종거리며 담을 그릇을 고르고 음미하고 정리하고 설거지하는 모든 수고로움을 반복하는 요리의 시간을 삶에 허락하고 싶다. 요리는 내가 나를 아껴주고 있다는 감각을 일깨운다. 잊고 있었던 놀이와 창작의 감각도 상기시킨다. 원하는 맛이 나지 않거나 실패한다고 해도 결국 나를 위해 계속 요리를 하겠다는 다짐은 변치 않을 것이다.

　양말을 꿰매 신는 일도 내게는 비효율의 영역이다. 몇 주 전 계절이 바뀌어 두꺼운 양말을 꺼내 정리하다가, 구멍이 났지만 버리기는 아까운 양말들을 발견했다. 양말 몇 켤레를 새로 사는 일이야 쉽지만 오랜만에 손바느질을 하는 재미를 느껴보고 싶었다. 소파에 기대어 앉아 양말과 비슷한 색의 실을 골라 꺼내고 바늘구멍에 끼워 한 땀 한 땀 구멍 난 부분을 메웠다. 삐뚤삐뚤하게 꿰매진 양말에 발가락을 넣을 때마다 나도 모르게 웃음이 났다.

　누구에게나 남들보다 조금 더 경건하게 행하는 일, 비효율적임을 알면서도 바꾸지 않고 그대로 하는 일, 느리고 천천히 쌓아가고 있는 일들이 존재할 것이다. 그 일을 잘 살펴보면 삶에서 자신이 중요하게 생각하는 가치와 연결될 가능성이 높다. 나의 경우 정성스러운 음식을 내게 선물하는 일, 소파에 앉아 양말을 꿰매는 일이 그렇다.

　많은 것들을 빠르게 생략하며 살더라도, 적어도 내게 중요한 것들을 잘 지키며 살고 있다는 감각은 삶의 만족도를 높인다. 무엇이 중요한지 스스로 정하고 그것을 지킬 때, 자신을 아끼며 사랑하고 있음을 느낄 수 있다.

정신없이 돌아가는 일상에서 이런 시도가 쉽지 않다면 효율만을 좇지 않는 태도를 연습해볼 수 있는 무대가 있다. 바로 '여행'이다.

최근 '최적의 여행'을 포기하는 새로운 여행을 시도한 적이 있다. 이 동네에서 제일 맛있는 맛집을 찾겠다는 시도, 최적의 동선으로 움직이겠다는 시도, 하루에 한 동네 이상 구경하겠다는 시도, 가는 곳마다 사진을 찍겠다는 시도, 온 김에 저기까지 보고 가려는 시도들을 모두 멈췄다.

반대로 오늘 해보고 싶은 한 가지를 정하고 그것만 해보거나 길을 잃어도 괜찮다는 마음으로 발길 닿는 대로 동네를 탐색했다. 간판이 마음에 들면 들어가 식사를 하고 사진은 꼭 필요하다고 생각하는 경우에만 찍었다. 해야 할 일이나 가야 할 곳, 사야 할 물건에 집중하기보다 내가 도착한 새로운 동네에 나를 안착시키는 일에 집중했다. 그리고 이 문장을 자주 떠올렸다. '나는 지금 여기에 존재하는가.'

이 연습은 일상에 돌아와서도 간헐적으로 계속됐다. 산책을 하다가 갑자기 확인해야 할 것들이 떠올라 스마트폰을 보면서 아슬아슬하게 길을 걷는 내가 감지될 때 '지금, 여기'를 떠올렸다. 지금 당장 확인하지 않아도 큰일 나지 않을 것이라면 걷는 일에만 집중해도 충분했다. 밥을 먹을 때도, 대화를 할 때도 더 중요한 것을 중요하게 남기는 일은 여전히 내게 가장 필요한 연습이다.

　늘 효율적으로 성장하기를, 빨리 나아가기를, 시간을 잘 아껴 쓰고 남은 시간에 뭐라도 하나 더 하길 바라는 신호를 끊임없이 받으며 살아온 우리에게 이런 시도는 무척 낯설다. 낯설다는 건 그만큼 우리가 효율이라는 한쪽 추에만 무게를 실어왔다는 반증이기도 하다. 효율적이지 않아도 좋은 시간을 자신에게 허락하며 반대쪽 근육을 써보고, 낯선 자리에 앉는 연습을 하나씩 해보자. 좋은 쉼이 뜻밖의 순간에 찾아올지 모른다.

효율과 비효율의 적절한 조화는 매우 중요합니다. 내 삶에서 최대한 효과적이고 생산적으로 처리하고 싶은 일과, 반대로 느리지만 천천히 정성스럽게 행하고 싶은 일을 구분하고 실천해보세요. 아래의 예시 중 마음에 드는 것에 체크 표시를 하거나, 참고하여 나만의 답을 생각해도 좋아요.

효율적으로 하고 싶은 일

☐ 업무 이메일을
　 확인하고 회신하는 것
☐ 집 안을 청소하고
　 정리하는 것
☐ 생필품을 구입하는 것
☐ 청구서를 지불하고
　 금융 관리를 하는 것
☐ 건강검진을 받는 것
☐ 자동차를 정비하고
　 유지 보수하는 것
☐ 디지털 파일을
　 정리하고 백업하는 것
☐ 뉴스나 정보를
　 습득하는 것
☐ 소셜미디어를
　 업데이트하는 것

비효율적으로 남기고 싶은 일

☐ 아침에 핸드드립 커피를
　 내리는 것
☐ 책을 읽고 생각을
　 정리하는 것
☐ 자연 속에서 산책하는 것
☐ 듣고 싶은 음악을
　 선곡하고 집중해 듣는 것
☐ 좋아하는 사람과
　 대화하는 것
☐ 그림을 그리는 것
☐ 손 편지를 쓰는 것
☐ 전시회를 보러 가는 것
☐ 편안하고 여유 있게
　 목욕하는 것

일상의 균열이
만드는 변화들

얼마 전까지 여러 프리랜서들과 공유 사무실을 사용했다. 제법 자유로운 분위기에서 일할 수 있다는 장점이 있지만, 마감이나 과도한 업무량에 쫓겨 브레이크 없이 일하는 날에는 나 이외엔 속도를 제어해줄 어떤 외부 장치가 없다는 게 단점이었다.

물론 한번 일에 빠지면 브레이크가 잘 걸리지 않는 내 특성의 영향도 크다. 하루는 거의 쉬지 않고 몇 시간을 앉아 모니터를 보다가 일어났는데, 머릿속이 아득해지고 다음 할 일이 생각나지 않았다. 더 심한 날에는 약간 멍한 상태로 집에 도착했다가 현관 앞에서 비밀번호가 기억나지 않아 몇 초 동안 가만히 서 있기도 했다. 회사 생활을 할 때도 비슷한 경험을 여러 번 겪었다. 어떤 파일을 열었는데 왜 열었는지 까맣게 잊어버렸다든가 누군가를 불러놓고 '지금 뭘 말하려고 했지?' 하고 한참을 머뭇거렸던 기억이 있다.

스티브 테일러의 《보통의 깨달음》(추미란 옮김, 판미동, 2020)에서는 이 흐리멍덩한 상태를 '수면 상태'라고 표현한다. 수면 상태는 마음의 피난처가 필요한 상태, 외부적인 것에 주의를 집중하여 내면의 불화에서 벗어나려는 상태, 소유물이나 돈, 성취나 성공으로 권력을 얻어 자신을 좀 더 중요한 사람으로 만들고 싶어 하는 상태, 오직 사회에 받아들여지기 위해 진짜 자신이 원하는 것은 억누르며 진정성 없는 삶을 살아가는 상태 등을 말한다.

최근 나는 자주 수면 상태에 걸렸다. 수면 상태에서는 늘 하던 일상적인 일도 쉽게 해낼 수 없었다. 실수가 잦고 매번 하던 일도 더뎌졌다. 밥을 먹거나 씻는 것 같은 기본적인 일을 해치우듯 대충 때워버린 적도 많았다. 이런 상태에서 잘 쉬거나 나를 위해 숨 쉴 틈을 만들어주는 건 불가능하다는 생각이 들었다.

그러던 중, 저녁을 먹고 소화도 시킬 겸 홍대 주변을 산책하다가 우연히 한 인디밴드의 버스킹 공연을 보게 됐다. '스프링스'라는 밴드였는데, 갑자기 예상치 못한 일이 일어났다. 관객석에서 베이스 기타를 메고 있던 한 학생을 즉흥적으로 무대로 불러 합주를 하는 게 아닌가. 밴드와의 합과 케미가 너무 좋았고, 특히 미리 약속되지 않은 연주 안에서 완벽한 조화를 찾아나가는 과정이 새롭고 흥미로웠다. 빠져들 듯 공연에 몰입하다가 지금 내 정신이 무척 또렷한 상태임을 느꼈다.

마치 내가 몸에서 잠깐 빠져나와 제3의 존재가 되어 스스로를 바라보고 있는 것 같았다. 공연하고 있는 장소 전체가 보였고, 지금 이 순간에 온전히 존재하는 나를 알아챌 수 있었다. 분명 수면 상태와는 완전히 다른, 깨어 있는 나였다. 이 깨어남의 순간 덕분에, 잠시 일에서 완전히 빠져나와 개운하게 잘 쉬었다는 기분 좋은 느낌이 들었다.

돌이켜 보면 나는 공연장에서 이런 순간을 자주 맞이했다. 오래전에 오케스트라 공연을 보러 갔는데, 어두운 객석 안에서 음악에만 집중하는 스스로가 또렷이 느껴졌다. 다른 생각에 지배되지 않고 지금 이 순간에만 존재하고 있는 듯했다. 한번은 바이올린 연주를 듣다가 혼자 펑펑 운 적도 있다. 정말 훌륭한 연주였지만 대성통곡할 정도로 마음의 동요가 생긴 건 아니었다. 그보다는 연주를 듣다가 지금껏 미처 직면하지 못한 중요한 질문과 마주하게 됐다.

'요즘 너를 가장 괴롭히는 게 뭐야?' 일상에서 많은 자극에 덮여 있을 때는 몰랐던 질문을, 바이올린 연주의 어느 구간에서 만났던 것이다. 그 순간 스스로를 알아줬다는 사실에 안심이 됐고 그 마음이 눈물로 표출됐다. 흐릿한 상태에서는 알아차리기 어려웠던 마음이었다.

일상이 하나의 덩어리로 흘러갈 때는 이런 깨어남의 시간을 만나기가 어렵다. 계속 새로운 자극이 채워지고, 성취가 불안을 덮고, 외부의 시선이 나를 지배할 때는 내게 가장 중요한 것을 인식할 힘을 잃기 때문이다. 그런데 이런 물리적 단절이나 새로운 시각에서 삶을 바라볼 기회가 주어지면 나를 관찰할 수 있는 균열이 생긴다.

흐릿한 수면 상태로부터 어떤 균열이 생기고 나면 전체가 보인다. 그러다 내가 보이기 시작하고 지금 제일 필요한 게 무엇인지 자연스레 알게 된다. 그것은 산책일 수도 있고 목마름을 해소할 물일 수도 있다. 잠깐의 멈춤이거나 누군가와의 대화 혹은 단절일 수도 있다. 깨어 있는 상태에서는 상황 전체를 볼 수 있기 때문에 누가 가르쳐

평일의 휴식

주지 않아도 내 삶에 꼭 필요한 시간을 저절로 알게 된다.

이런 균열을 '좋은 멈춤'을 만드는 긍정적 신호로 여기기로 했다. 지난 한 달을 돌이켜 보며 이런 질문을 던졌다. 수면 상태가 아닌 나로 며칠을 보냈나? 얼마나 많은 균열을 만들었나? 얼마나 자주 깨어 있었고, 얼마나 자주 나를 잃으며 살았나? 오늘의 나는 또렷했나? 나 자신으로 존재했나? 나를 드러내는 일은 편했나?

지난 한 달 동안 내게 존재했던 균열의 순간

1. 물리적 균열: 창문 열기(약 20회)

스스로 과열됐다고 느낄 때 창문을 연다. 내 생각에 더 몰두하는 대신 바깥의 공기와 바람에 잠시 집중할 수 있어서 좋다.

2. 감각적 균열: 좋아하는 향 맡기(약 15회)

책상 위에 좋아하는 시트러스 스프레이를 두고, 일하다가 수시로 뿌린다. 순간적으로 향에 집중하고 멈추게 되는 효과가 있다.

3. 정서적 균열: "어쩌라고?"(1회)

작은 일에 집착하는 상황에 갇혔을 때 "그래서 어쩌라고?" 하고 육성으로 말해본다. 담대함이 필요한 나에게 이 말이 작은 균열이 되어주기를 바라며 혼자만의 주문을 외워본다.

4. 인지적 균열: 떠오르는 생각 적어보기(2~3회)

두서없이 찾아오는 생각이나 부정적 감정이 많아질 때, 힘든 점을 모조리 적어본다. 적고 나면 신기하게 별것 아니라는 생각이 든다.

5. 소통적 균열: 믿을 만한 친구와 대화하기(1~2회)

스스로 균열을 만들기 어려운 경우 주변에 도움을 청한다. 믿을 만한 친구와 만나 솔직한 대화를 나눈다. 감정을 일방적으로 털어놓기보다는 내 안에 있는 답답함을 담담하게 얘기하고 내 마음을 관찰하려고 애쓴다.

균열의 순간은 나를 정직하게 보게 만드는 힘이 있다. 한쪽으로 기울어 있는 정신의 불균형을 바로잡아 준다. 지금의 내 상태를 대충 넘겨짚거나 왜곡해서 보지 않을 수 있다는 건 언제든 수면 상태에서 깨어나 다시 나로 살아갈 수 있는 힘을 가졌음을 뜻한다.

언제나 또렷할 수는 없겠지만 최소한 균열을 자주 만드는 사람으로 살고 싶다는 소망이 생겼다. 작은 균열이 작은 멈춤을 만들고, 더 자주 나 자신으로 살고 있다는 생각이 들게 해줄 테니까. 이것이 내가 바라는 건강한 삶의 모습이다.

요즘 '수면 상태'에 가깝다는 생각이 든다면, 일상에서 새로운 균열을 만들어줄 나만의 방법을 적어보세요. 각 항목마다 생각을 돕기 위한 가이드를 기입해 두었습니다.

1. 물리적 균열

▷ 장소 바꾸기, 만나는 사람 바꾸기, 익숙한 경로 바꾸기, 활동하는 시간 바꾸기 등 물리적 환경을 변화시킬 수 있는 균열이라면 모두 좋아요.

2. 감각적 균열

▷ 오감을 활용해 다양한 균열을 만들어보세요. 평소에는 잘 안 듣던 음악이나 낯선 음식을 시도해볼 수도 있고, 새로운 시각적 영감을 주는 전시회에 가볼 수도 있어요.

3. 정서적 균열

▷ 늘 머물러 있는 감정이나 상황에서 한 발짝 떨어져 다른 패턴으로 반응해보는 연습이에요. 저는 가끔 두렵다는 감정이 밀려올 때면 '우주', '아프리카'와 같은 아주 커다란 개념을 떠올리기도 해요. 지금 반복되는 패턴 안에 머물러 있음을 알아차리고 거기에서 빠져나올 수 있는 나만의 새로운 리듬을 떠올려보세요.

4. 인지적 균열

▷ 새로운 각도에서 나를 바라볼 수 있는 방법 중 제일 좋은 것이 '기록'이라고 생각해요. 내 마음에서 울리는 생각을 그대로 종이 위에 써보는 연습을 해보세요. 스스로를 혼내는 대신 천천히 마음속 이야기를 따라가며 지금의 나를 어떻게 돕고 싶은지 기록으로 남겨보세요.

5. 소통적 균열

▷ 사람으로 만드는 균열의 힘은 무척 커요. 기록을 통해 내 마음을 정리했다면, 마음이 잘 통하는 친구를 찾아 소통을 시도해보세요. 억지로 감정을 털어내거나 없었던 일처럼 회피하는 대신 솔직한 대화를 무기로 새로운 균열을 만들어보세요.

스스로에게
정성을 쏟는 휴식

요즘 공들이는 일이 있다. 바로 건강한 한 끼를 챙겨 먹는 것이다. 얼마 전 지독한 감기에 걸려 항생제를 일주일간 먹었는데, 약이 너무 독했던 탓인지 감기가 나은 후 위가 쓰리기 시작했다. 그래서 속이 편한 음식을 찾다가 며칠간 식단 자체를 바꿔보기로 마음먹었다.

우선 아침 식사를 빵과 커피 대신 가벼운 과채주스로 바꿨다. 사과, 비트, 당근이 들어간 ABC 주스 한 컵을 먹는다. 직접 갈아 마실 자신이 없어서 기성품으로 구입했는데, 냉동실에 보관했다가 전날 저녁에 하나씩 냉장실로 옮겨 둔다. 자기 전부터 나를 위해 무언가 한다는 느낌, 기분에 좌우되는 감정적인 식사를 하는 대신 내가 정한 루턴대로 한 끼를 즐기는 느낌이 좋다.

　　주스를 마시며 새롭게 알게 된 사실은 내가 당근을 무척 좋아한다는 것이다. 아삭한 식감과 한 입 베어 물었을 때 은은히 퍼지는 특유의 단맛이 좋다. 전생에 당나귀나 토끼가 아니었을까 싶을 정도로 당근을 먹으면 기분이 즉시 좋아진다. 어떤 음식, 어떤 식감, 어떤 당도가 기분 좋게 만드는지를 안다는 건 그만큼 나를 세밀하게 알게 되는 일이다. 아침 식단을 바꾸며 나와 조금 더 친해진 느낌이다.

　　돼지고기를 먹고 나면 유독 배가 자주 아프고 속이 더부룩하다는 걸 지난 몇십 년 동안 제대로 알지 못했다. 분위기에 취해 삼겹살과 술을 과하게 먹거나, 속이 살짝 안 좋은데도 돼지고기를 먹었다가 크게 탈이 난 적이 꽤 여러 번 있었는데도 말이다. 몸의 반응을 섬세하게 관찰하지 않았을 때는 왜 속이 불편한지를 쉽게 알아차리지 못했다.

　　점심이나 저녁 중 한 끼는 미리 소분해둔 샐러드를 먹는다. 양배추와 당근, 닭가슴살이 주재료다. 올리브유, 알룰로스, 머스터드, 레몬즙을 섞어 만든 소스를 뿌려 먹으면 새콤하니 정말 맛있다. 500ml 정도 되는 움푹한 유리병에 밀프렙을 해두는데, 준비할 때는 귀찮지만 도토리 창고에 도토리 저장하듯 냉장고에 하나씩 넣어둘 때 희열이 상당하다.

뉴스레터 〈제철휴식〉에는 다양한 방식의 휴식을 제안하는 '휴식 텃밭' 코너가 있는데, 그중 이런 장면을 소개한 적이 있다.

◇◇◇

"해야 할 일을 끝내고 아무 약속도 없는 저녁. 집에 있는 야채를 털어 샐러드를 만들었어요. 농익은 키위를 으깨고 알룰로스를 살짝 뿌려 내 맘대로 드레싱을 만들고요. 오이, 당근, 토마토를 원하는 모양대로 잘라 얹었어요. 마트에서 사 온 관자를 살짝 구워 올려주니까 그럴듯해지는 거 있죠. 요즘 배달 음식을 자주 시킨 걸 반성하기도 했지만, '마음의 여유가 없을 때는 공들여 챙겨 먹는 게 어렵구나. 어쩔 수 없구나' 하는 마음으로 나를 도닥이기로 했어요. 그런 의미에서 나를 위해 차린 한 끼에는 에너지가 있다는 걸 배워요. 요리하는 과정에서 얻는 에너지, 나를 돌보고 있다는 마음이 주는 에너지, 그런 음식을 음미하며 먹을 때 느껴지는 에너지가 다 합쳐지거든요. 나에게 힘을 주고 싶을 때 마음대로 놀이하듯, 공들인 한 끼를 차려보면 어떨까요."

_휴식 큐레이터 보라

건강한 식사를 통해 좋은 에너지를 듬뿍 받으면 다시 일어날 힘이 생긴다. 요리 준비부터 먹는 시간까지 합치면 꽤 긴 시간이 들지만, 이렇게 한 끼를 매일 정성 들여 먹으면 일주일 동안 나를 위한 시간이 차곡차곡 쌓이는 셈이다.

사실 그동안 나는 샐러드에 대한 편견을 가지고 있었다. 샐러드는 다이어트나 식단 관리를 하는 사람들, 운동과 함께 몸매 관리를 하는 사람들의 전유물이라 생각했다. 또는 주로 파스타를 먹을 때 곁들이거나 식전에 입맛을 돋우는 음식으로 각인되어 있었기 때문에 한 끼를 샐러드로 대체하는 것은 기껏해야 며칠 정도 시도할 수 있는 일이라 생각했다.

그런데 샐러드 챙겨 먹기를 실천하면서부터는 생각이 조금 바뀌었다. 우선 생각보다 배가 꽤 부르다. 야채를 많이 넣기도 하지만, 양배추와 당근처럼 딱딱한 야채들은 무척 오래 씹고 천천히 먹게 되기 때문에 포만감을 높여 준다. 야채를 취향껏 골라 먹는 맛도 있다. 토마토가 맛있는 계절에는 토마토를, 단단한 식감이 좋을 때는 적양배추를, 부드러운 식감을 원할 때는 새싹채소를 넣기도 한다. 닭가슴살만 계속 먹으면 질리기 때문에 계란프라이를 추가하거나 두부텐더를 더하기도 한다. 민둥민둥한 닭가슴살보다는 양념이 되어 있거나 크리스피한 껍질이 덮여 있는 것을 좋아하는데, 이 역시 입맛대로 그때그때 골라 먹는다. 그러다 보면 시기에 따라 샐러드의 색감과 식감 그리고 맛의 강도가 달라진다.

이렇게 먹고 나면 저녁쯤엔 무척 허기가 지는데, 마지막 한 끼는 제약 없이 원하는 것을 먹는다. 평소처럼 밥과 반찬을 먹기도 하고 햄버거나 분식을 사 먹기도 한다. 몸을 많이 쓴 날은 일부러 칼로리가 높은 음식을 찾기도 하고, 쌀밥이나 밀가루 음식으로 하루 동안 부족했던 탄수화물을 채우려 노력한다. 귀하고 특별한 한 끼를 누릴 수 있는 만큼 기꺼이 음미하고 즐기며 먹는다.

일반식까지 챙겨 먹기 때문에 전체를 놓고 보면 섭취하는 음식의 양이 결코 적지 않다. 하지만 야채를 섭취하는 비중이 현저히 높아서 속은 늘 편하다. 편안하고 부드러워진 속은 내 기분과 태도를 좌우할 때가 많다. 평소에 예민하게 대하던 문제에도 관대해지는 경향이 있다. 그만큼 평온한 시간을 보낼 확률이 높다.

부가적인 이야기지만 식단을 바꾸며 뱃살이 몰라보게 많이 빠졌다. 물론 이것을 목표하지는 않았다. 처음부터 살과의 전쟁을 선포하며 식단을 바꿨다면 분명 오래 지속하기 어려웠을 것이다. 먹고 싶지만 못 먹는 음식들이 자꾸 생각나면서 무척 억울한 마음이 들었을 테니 말이다. 특정 음식을 제한하는 방식으로 식단을 바꾸었다면 실패했을 때의 죄책감과 좌절감이 상당했을 것이다. 하지만 처음부터 내게 건강하고 정성스러운 한 끼를 선물하는 마음으로 시작했고, 그 과정에서 즐거움을 느끼는 것 자체가 목적이었다. 그래서 느리지만 단단한 지속이 가능했다.

스트레스를 받거나 유독 활동이 많아 허기진 날이면 이 규칙이 깨지기도 한다. 하지만 특별한 이벤트가 지나

가면 다시 이 식사 루틴으로 돌아올 것을 안다. 다시 전날 저녁에 미리 주스를 준비해두고, 샐러드를 병에 담으며 내게 들이는 정성에 대해 생각할 것이다. 그렇기에 나는 일상으로 다시 돌아오는 감각을 이 식사들로 가늠한다. 자극적인 음식을 평소보다 많이 찾는다면 스트레스 레벨이 높은 시기, 저자극의 건강식을 많이 찾는다면 에너지 레벨이 높은 시기로 나눌 수 있다. 요즘 내 상태가 좋은지, 힘든지를 단번에 알아채기는 어렵지만 이렇게 내게 민감한 '음식'이라는 척도가 생기면 분별하기가 좀 더 쉬워진다.

에너지 레벨이 낮은 시기에는 스스로에게 조금 더 관대해지려고 애쓴다. 평소보다 더 많이 누워 있거나 자극적인 배달 음식을 찾는 일도, 유튜브를 보면서 수동적으로 휴식하는 일도 스스로를 혼내지 않고 모두 허용하려고 한다. 그렇게 늘어질 수 있을 때까지 늘어지고 마음껏 나태해지다 보면 결국 바닥을 찍고 해야 할 일들로 다시 돌아갈 에너지가 생긴다. 좋은 에너지를 회복했을 때 다시 건강한 음식으로 나를 돌볼 수 있다. 음식은 나를 바로 서게 하고, 중심을 지킬 수 있도록 돕는다.

누구나 스스로에게 정성을 들이는 일 하나쯤은 있을

것이다. 사소해도 좋다. 등산을 하거나, 좋은 향을 맡거나, 집을 깨끗하게 정리하는 일일 수도 있다. 중요한 건 나 자신을 잘 대접하고 있다는 느낌이 들도록 스스로를 돕는 마음이다. 나에게 정성을 쏟는 시간, 그 일상이 모여 거대한 회복의 에너지를 만든다.

[유자 샐러드]

샐러드드레싱에 상큼한 유자 소스를 더하는 것을 좋아한다. 간장 1스푼, 유자액 1스푼, 올리브오일 1스푼, 알룰로스 1스푼, 아주 약간의 소금을 넣어 드레싱을 만들면 어떤 야채를 추가해도 상큼하고 달달한 샐러드를 즐길 수 있다(유자액 대신 생강청을 넣으면 쌉싸름하면서 달달한 샐러드가 완성된다).

[고등어 덮밥]

가시를 제거한 후 구워서 냉동으로 판매하는 고등어 제품을 활용한다. 이미 한 번 구워졌기 때문에 전자레인지에 2분만 돌려도 금방 조리가 된다. 밥 한 공기 위에 고등어를 올리고, 간장 1스푼, 레몬즙 1스푼을 두른다. 고추냉이를 조금 곁들어 비벼주면 간단하지만 그럴듯한 고등어 덮밥이 완성된다.

[양배추 쌈밥]

양배추를 쪄서 쌈밥으로 먹으면 속재료로 무엇을 넣어도 맛있다. 양배추의 넓은 잎을 찌고, 쌈장이나 청양고추 간장 양념을 준비한다. 사실 그냥 흰밥만 싸 먹어도 맛있지만, 제육볶음이나 불고기를 곁들이면 더 맛있다. 양배추의 포만감 덕분에 쌈을 몇 개만 먹어도 금방 배가 부르는 마법을 경험할 수 있다. 양배추 대신 호박잎을 쪄서 활용하는 것도 추천한다.

[   ]

[   ]

[   ]

매일매일을
여행자의 마음으로

몇 년 전 베를린으로 여행을 갔을 때였다. 시차 때문에 난데없이 새벽에 눈이 떠졌는데, 딱히 할 일이 없었다. 동이 틀 때까지 기다렸다가 혼자 가벼운 동네 산책을 나섰다. 도로를 청소하고 있는 환경미화원 아저씨의 부지런함, 이어폰을 꽂고 자전거로 출근하는 노동자의 상기된 얼굴, 아침 햇살이 건물 끝에 닿아 만들어내는 오묘한 아름다움, 약간 쌀쌀한 바람, 이른 시간이라 아직 열지 않은 작은 서점의 귀여움 같은 것들을 마주했다. 그리고 그 장면들은 이상할 만큼 생생하게 기억에 남아 있다. 유명 관광지의 화려함이나 일주일에 한 번 열린다고 해서 어렵게 찾아갔던 벼룩시장보다 가벼운 아침 산책의 장면이 왜 이렇

평일의 휴식

게 깊은 인상으로 남았을까? 차분히 돌이켜 보니 그 시간 속에 몇 개의 단서가 숨어 있었다.

1. 목적이 없다

가야 할 목적지가 없었다. 길을 찾아야 할 의무도, 길을 잃을 걱정도 없었다. 원하는 만큼 더 가는 것도, 언제든 멈추는 것도 가능했다.

2. 자유롭다

졸리지만 않다면 더 길게 산책할 수도 있고, 피곤하다면 숙소로 돌아가는 것도 내 마음대로였다. 어떤 골목으로 들어설지, 무엇을 관찰할지 정하는 것도 온전히 내 몫이었다.

3. 새롭다

동네의 풍경이 낯설고 새로워서 어린아이가 된 것처럼 모든 것이 신기하게 느껴졌다. 평범한 가로수도, 흔히 볼 수 있는 거리의 표지판들도 아름답게 다가왔다. 누군가는 매일 아무 생각 없이 걷는 거리가 여행자인 나에게는 모두 새롭게 다가왔던 것처럼, 우리 동네를 걷는 여행자도 동네의 풍경을 생생히 느끼고 기억할 것이다. 거리의 풍경이 어떤지에 상관없이 내 마음과 감각이 얼마나 열려 있는지에 따라 산책의 밀도가 달라진다는 것이 새삼 신기했다.

감각이 열려 있는 산책을 하고 나면 깊이 잘 쉬었다는 느낌이 든다. 한곳에 머물러 침잠할 때 닫혀 있던 환풍구가 열린 느낌이랄까. 익숙한 공간에서 반복적인 패턴으로 나타나던 자잘한 걱정과 근심이 날아가거나 별거 아닌 일처럼 느껴지기도 한다. 걷기가 명상의 한 줄기라 불리고 마음챙김의 기법으로도 자주 사용되는 이유다. 감각을 열고 현재에 집중한 산책은 그 자체로 충만한 쉼이 된다.

〈제철휴식〉에서 이런 휴식텃밭을 소개한 적이 있다.

◇◇◇

"일하는 곳과 집이 멀지 않아서 주로 버스를 타고 두 정거장이면 집에 옵니다. 가끔 여유가 있을 때는 일부러 버스를 타지 않고 한옥 담장과 나무가 있는 길로 걸어서 집에 와요. 자주 걷는 길인데도 감각을 세우다 보면 계절마다 시시각각 달라지는 장면이 느껴져요. '이 나무는 지난번 봤을 때보다 한 뼘 더 컸네?', '비가 오니 이런 향기가 나네?', '계절에 따라 풍경이 이렇게 다르네?' 하고 그 순간의 새로운 감각을 느끼면 기분이 참 좋아져요."

_휴식 큐레이터 김혜원

◇◇◇

집으로 향하는 같은 길도 다른 장면으로 바라볼 수 있다는 점이 재밌었다. 익숙한 골목길을 자전거로 누비는 것, 동네 뒷산에 올라 마을을 내려다보는 것, 유람선을 타고 물 위에서 도시를 바라보는 것, 전철 한 정거장을 미리 내려 걸어보는 것 모두 새로운 상상력을 불러일으키는 좋은 휴식이라는 생각이 들었다.

한번은 산책을 나왔다가 스마트폰을 집에 두고 왔다는 사실을 뒤늦게 알았다. 다시 집으로 돌아가기가 귀찮아 그대로 20분쯤 걸었는데, 신기하게도 여행지에서 걸었던 그 감각이 되살아났다. 사진을 찍거나 시간을 확인할 수도 없으니 오직 걷는 데만 집중하는 나를 발견했다.

집 앞에 있는 은행나무의 어린잎들이 얼마나 자랐는지, 어떤 새가 이 나무에서 저 나무로 옮겨 다니는지, 멀리 보이는 북한산이 얼마나 선명한지를 관찰하며 걸었다. 분명 매번 걷던 길과 같은 풍경인데, 확실히 감각이 열려 있음이 느껴졌다.

감각이 열려 있다는 것은 나를 둘러싼 사물과 환경을 새롭고 낯설게 바라볼 준비가 됐다는 신호다. 마치 새로 태어난 것처럼 익숙한 풍경들도 새롭게 존재하게 된다. 이런 상태에서 느끼고 경험한 기억들은 일상적 장면보다 매우 생생해서 잊히지 않고 오래도록 기억에 남을 확률이 높다.

몇 년 전 베를린 골목에서 느꼈던 그 감각들을 이렇게 오래 기억하고 있는 것은 우연이 아니다. 어떤 시간을 생생하게 경험했다는 것은 '지금'으로 꽉 찬 밀도 높은 시간을 보냈다는 뜻이다. 오직 내 두 발과 지금 여기 있다는 마음 그리고 나를 둘러싼 풍경에만 집중했기 때문이다.

리베카 솔닛의 《걷기의 인문학》(김정아 옮김, 반비, 2017)에서는 보행은 몸과 마음과 세상이 한편이 된 상태라고 정의했다. 마치 오랜 불화 끝에 대화를 시작한 세 사람처럼 보행이 몸과 마음과 세상을 엮어주는 역할을 한다는 것이다.

　모든 보행이 몸과 마음을 하나로 엮어주지는 않겠지만, 적어도 감각이 열려 있는 보행은 나와 세상을 연결해준다. 열린 감각을 통해 온전한 '지금의 나'를 만나게 된다. 지금에 집중하며 산책하는 것은 바쁘고 정신없는 우리의 일상에 매우 드물게 나타나는 일이다. 그래서 여행지에서 그 감각을 만났을 때 느낀 평화와 고요함이 선명하게 기억되는 것이다.

　지금에 집중하는 여행자 관점의 산책을 일상에서 더 자주 하고 싶다. 여행 장소보다 중요한 것이 감각을 여는 일이라면 의도적으로 연습할 수 있다고 믿는다. 마음먹고 한 번쯤 의도적으로 '나는 지금 여행을 왔다'라는 주문을 걸어보자. 일요일의 이른 아침, 사람이 없는 한적한 거리를 가벼운 차림새로 걸어보는 것이다. 평소라면 눈길을 주지 않았을 건물들의 2층을 유심히 살펴보아도 좋고, 신발 바닥이 땅에 닿는 감각에만 집중해도 좋다. 늘 가던 익숙한 골목 대신 새로운 길을 탐험해도 좋다. 목적 없이 자유롭게, 새로운 것을 느낄 준비만 됐다면.

뉴스레터 〈제철휴식〉에 접수된 구독자들의
휴식 고민 사연을 모아 소개합니다.

"아무리 좋은 걸 채워도,
부정적인 마음이
떠나지 않아요"

구독자 K님의 편지

아무리 좋은 책을 읽어도 그때뿐, 부정적이고 못난 생각이 계속 뇌리를 떠나지 않습니다. 썩지 않고 태평양 한가운데를 떠도는 플라스틱병처럼 말이죠. 마음 놓고 놀아보려고 해도, 빈둥거리면서 쉬려고 해도 크게 나아지지 않는 것 같습니다. 이럴 땐 어떤 휴식이 답일까요? 답이 있긴 할까요?

관찰과 질문 그리고 돌봄은
우리를 어떻게 성장시키나

저는 요즘 식물을 키우는 데 열정을 쏟고 있어요. 애지중지 키운 식물의 잎끝이 타들어가거나, 노랗게 변할 때면 무척 속상한데요. 식물을 잘 키우는 법에 대한 자료를 찾아보다가 새로운 사실을 알게 됐어요. 생각보다 많은 식물이 물 부족보다 과습으로 시들어가는 경우가 많다는 거예요. 이미 수분으로 꽉 차서 더 이상 물을 흡수할 여유 공간이 없는데, 다시 물을 주면 결국 뿌리가 축축함을 이기지 못하고 썩어간다는 말이었죠.

K님의 사연을 읽으며, 책과 물에 비슷한 점이 있다는 생각을 했어요. 아무리 좋은 책이라고 해도 내면에 소화할 공간이 없으면 이야기들이 튕겨져나가는 것처럼, 책

과 물의 공급에도 때가 있기 때문이에요. 화분이 과습됐을 때는 물 주기를 멈추고 적절히 바람을 통하게 해줘야 식물이 튼튼하게 자랄 수 있잖아요. 우리 역시 어느 순간 채우기를 멈추고 나에게 질문할 시간을 줘야 고이지 않을 수 있음을, 다음 단계로의 성장이 가능하다는 것을 식물을 가꾸며 배우고 있어요.

고백하자면 저는 올해 초를 K님과 비슷한 마음으로 보냈어요. 일로, 약속으로, 한 해의 마감으로 바빴던 연말을 보내고 나니 마음이 조급해졌어요. '나 지금 잘하고 있나?' 하는 밑도 끝도 없는 불안이 밀려왔어요. 새로운 취미를 찾고, 재밌는 영화를 보러 다니고, 할 수 있는 만큼 빈둥거려도 마음 에너지가 충전되지 않는 것이 느껴졌어요. 무엇을 해도 재미가 없었죠.

그때 제게 필요한 건 질문이었어요. 마음의 불안을 해소하려고 새로운 인풋을 무작정 넣는 패턴에서 벗어나, 이 불안하고 의심스러운 마음을 새로운 자리에서 바라보는 게 중요했어요. 환기가 될 새로운 질문이 필요했고, 그 질문들은 나를 관찰해야만 모을 수 있는 것들이었어요.

그래서 아주 천천히 저를 관찰하기 시작했어요. SNS를 확인하다가 문득 뒤처진다는 생각이 든다거나, 새로운 프로젝트를 앞두고 알 수 없는 막막함이 밀려온다거나, 열심히 달리고 있는 것 같은데 돌아보니 제자리인 느낌이 들 때마다, 마음속에서 올라오는 의심들을 받아 적었어요.

나를 채우고 있는 의심들

- 올해 나는 계속 이대로 가도 괜찮은 걸까?
- 지금 내 성장 속도가 너무 느린 건 아닐까?
- 남들이 이런 일 저런 일을 해냈다는 소식을 볼 때마다 조바심이 생기네.
- 만약 이 일을 하지 않는다면 나는 무엇을 할 수 있는 사람일까?
- 마음의 여유가 하나도 없는데 새로운 일을 해낼 수 있을까?

이 기록을 보면서 처음 들었던 생각은 무척 추상적이고 모호하다는 것이었어요. 아주 오랫동안 나를 괴롭혀왔던 의심들이었는데, 현실을 위협할 만큼 실질적인 고민들은 아니구나 싶었죠. 치열하게 다뤄지지 않은 고민들이었기에 실체 없이 마음속에서 오래 둥둥 떠다니고 있었다는 생각이 들었죠.

이 의심들을 더 깊은 질문들로 연결해봤어요. 스스로에 대한 편견 없이, 혼내거나 비판하는 마음 없이 떠오르는 질문들을 자유롭게 적어봤어요. 육하원칙을 붙여 좀 더 구체적인 질문의 목록으로 만들어봤죠. 제일 중요한 건 호기심을 가지고 이 질문을 나에게 던지는 일이었어요. 정말 내가 궁금해서, 정말 내가 알고 싶어서, 정말 내가 좋아서 나에게 주고 싶은 질문들이라는 것을 잊지 않으려고 했어요.

편견 없이 순수한 궁금증을 갖고 다시 던져본 질문들

- 나는 왜 더 성장하고 싶은가?
- 내가 원하는 더 빠른 속도란 어떤 속도인가?
- 아무런 제약이 없다면 나는 무엇을 하고 싶은가?
- 나는 누구와 일하고 싶은가?
- 마음의 여유가 생긴다면 나는 제일 먼저 어떤 일을 하고 싶은가?
- 나는 무엇 때문에 가장 마음이 지치는가?

질문들이 쌓였을 때, 그중 끌리는 질문을 하나 고른 후 무작정 걷기 시작했어요. '지금 내 성장 속도가 너무 느

린 건 아닐까?'에서 '내가 원하는 더 빠른 속도란 어떤 속
도인가?'라고 바뀐 질문을 안고, 동네를 걸었어요. '내가
업데이트한 콘텐츠 조회수가 갑자기 늘어나는 것', '내가
1배속으로 노력하면, 2배속의 결과가 쌓이는 것', '차곡차
곡 쌓아놓은 내 이야기들을 누군가 알아주고 발굴해주는
것', '지금 하고 있는 작은 마케팅이나 프로모션의 결과가
좋아서 보다 큰 성과를 만드는 것'. 마음속에 숨겨진 솔직
한 욕망들이 마구잡이로 튀어나왔어요.

어떤 욕망은 지름길을 찾아 헤매고 있었고, 어떤 욕
망은 인정받기를 원하고 있었고, 또 어떤 욕망은 빨리 성
과를 내면 좋겠다고 안달하고 있었어요. 한편으로, 이 마
음들은 모두 어떤 일을 잘 해내고 싶을 때 나타나는 욕망
이었어요. 일을 좋아하고 잘하고 싶은 내가 너무 힘들어
서 지칠 때마다 이 욕망들을 꺼내 나를 재촉했다는 것을,
그래서 천천히 가는 길보다는 빠르게 해치울 수 있는 길
을 찾았다는 것을 알았죠.

때로 혼자 샤워를 할 때도 이 질문들을 마음속에 품
고 천천히 복기하며 따라가는 작업을 했어요. 설거지를
할 때도, 어딘가 이동할 때도 한 번씩 나와 대화하며 작은
퍼즐을 맞춰 나갔어요. 추상적인 의심과 불신으로 힘들게

하는 대신, 제 마음에 조금씩 직면하는 연습을 했어요.

이 질문과 답이 모든 문제를 해결해주는 것은 아니었어요. 때때로 다시 의심이 찾아오기도 했고, 불안한 밤을 맞이하기도 했어요. '나는 왜 더 성장하고 싶은가?'와 같은 질문은 끝끝내 답을 찾지 못했어요. 하지만 그런 순간에도 저는 호기심을 가지고 질문하는 일을 포기하지 않았어요. 아직도 다 알지 못하는 나에 대해 물어봐주고, 내 안에 살고 있는 자아의 다양성을 존중하기 위해 나와 더 많은 대화를 나눠야겠다고 결심했기 때문이에요.

질문은 곧, 나를 더 선명하게 알게 해주는 데 도움이 됐어요. 그리고 여러 질문을 통해 발견한 새로운 자아들을 모아 기록해봤어요.

내가 찾은 새로운 나
- 가치 있다고 믿는 일로 영향력을 얻고 싶은 나
- 새로운 시도를 했을 때 활력을 얻는 나
- 주변 사람들의 영향을 많이 받는 나
- 돈을 많이 벌면 제일 먼저 집을 사고 싶은 나
- 책상 정리를 하면 기분이 좋아지는 나
- 아침 루틴을 하면 하루 종일 마음이 편해지는 나

▪ 불안하거나 조급하면 스스로를 먼저 의심하는 나

　다양한 욕망을 가진 내가 있었고, 그중 1명에게 지나치게 소홀해질 때 불안이나 의심이 마음속에 차곡차곡 채워진다는 것도 알게 됐어요. 할 수 있는 일부터 하나씩, 천천히 나를 돕고 싶다는 생각을 했어요. 마음이 불안할 때는 건강한 식사를 한 끼 차려주겠다는 다짐, 무기력한 날들이 찾아와도 나를 기다려주는 마음으로 잠시 멈추겠다는 다짐, 작년에 시도했다가 포기한 프로젝트를 다시 꺼내보겠다는 다짐, 망설이기만 했던 협업을 위해 다시 콜드메일을 보내보겠다는 다짐, 몇 가지 일들은 일단 거절하고 쉬어가는 기간을 주겠다는 다짐을 했어요.

　그러자 전심을 다해 내가 나를 돕고 있다는 느낌이 들었어요. 무엇보다 몇 개월간 스스로 질문과 답을 하면서 마음이 전보다 건강해진 것 같았어요. 불안과 의심에 휩싸여 있을 때 나를 외면하는 대신, 기다려주고 도울 수 있다는 감각을 연습한 덕분이었어요.

　이 질문이 잦아들 때쯤 저에게 다시 물의 공급이 필요해질 거예요. 새로운 책이 다시 흥미로워지고, 새로운 연결이 다시 반가워지고, 새로운 도전이 다시 재밌게 느꺼지는 날이 찾아올 거라고 믿어요. 식물의 생장은 늘 그렇게 자신만의 속도로 이루어짐을 수도 없이 봐왔거든요. 도무지 자랄 기미가 보이지 않던 작은 줄기들이 어느 날 걷잡을 수 없이 자신만의 성장을 이뤄나갈 때, 많은 물과 바람 그리고 애정 어린 돌봄이 있었다는 사실을 잊지 않으려고 해요. 관찰과 질문, 돌봄이 번갈아 가면서 우리를 성장시킬 것이라는 믿음으로 우리 한 발 내디뎌보기로 해요.

3장

주말의 휴식

내 삶의 결정권을 연습하는 시간

같은 휴식도
다르게 느껴지는 이유

지난해 창업가와 청년들을 대상으로 휴식 강연을 진행한 적이 있다. 강연에 앞서 참가자들에게 사전 질문지를 배포했는데 질문은 크게 두 갈래로 나뉘었다. 그중 하나는 '내가 잘 못 쉰다고 느낄 때 나는 무엇을 하고 있었나?'였고, 두 번째는 반대로 '내가 잘 쉰다고 느낄 때 나는 무엇을 하고 있었나?'였다.

　나는 이 2가지 감각을 일상에서 자주 번갈아 가며 느낀다. 먼저 휴일 동안 별 약속 없이 집에만 있었는데도 피곤한 날이 있다. 한번은 종일 누워서 유튜브를 봤는데, 유독 기분이 찝찝했다. 하루를 다 마쳤을 땐 에너지가 거의 소진된 것 같았다. 분명 일을 하지도 않았고 몸을 많이 움직이지도 않았는데 잘 못 쉬었다는 느낌이 강하게 들었다.

　반대로 '의외로 잘 쉬었네?' 하는 생각이 드는 하루도 있다. 망원동에 놀러 갔다가 새로운 상점을 발견한 날이었다. 이것저것 재밌는 물건들을 구경하다가 귀여운 거북이 모양의 반지 그릇을 사왔다. 꽤 오래 여기저기 다녔는데도 에너지가 남아서, 집에 돌아와 청소도 하고 저녁밥도 정성스럽게 차려 먹었다.

　강연 참가자들에게도 비슷한 예시를 소개하며 각자의 일상에서 언제 이런 느낌을 받았는지 적도록 안내했다. 그중 잘 못 쉰다고 생각하는 장면에는 '스마트폰 하기, 유튜브 보기, 모바일 쇼핑하기, 무리한 약속 잡기, 끊임없이 생각하기, 누워 있기, 하루 종일 잠자기, 게임하기'처럼 흔히 떠올릴 수 있는 모습들이 적혀 있었다.

　그런데 설문 결과 중 좀 의외인 부분이 있었다. 잘 못 쉰다고 생각하는 장면과 잘 쉰다고 생각하는 장면의 키워드가 꽤 많이 겹치는 것이었다. 예를 들어 '유튜브 보기, 누워 있기, 게임하기'와 같은 장면들은 잘 쉬었던 장면에 포함되어 있었다.

　심지어 한 참가자는 잘 못 쉰다고 생각한 장면과 잘

쉬었다고 생각한 장면에 똑같이 '게임하기'를 적었다. 현장에서 그분과 대화를 나누다가 흥미로운 사실을 알게 됐다. 잘 쉬고 못 쉬고를 결정하는 건 게임 자체가 아니라 다른 요인으로부터 시작된다는 점이다.

하루를 낭비하고 있다는 자책감과 함께 온종일 게임을 하면 어떨까. 심지어 몇십 분에 한 번씩 시간을 확인하며 스스로를 한심하고 게으른 사람이라고 혼내는 마음으로 게임을 한다면? 물론 이 감정은 꽤 교묘한 구석이 있어서 회피하고자 하면 잘 감지되지 않는다. 하지만 대부분의 경우 이렇게 무거운 마음으로 게임을 하고 나면 잘 쉬었다는 개운함이 들지 않는다. 게임이 끝나도 또 다른 회피의 대상으로 도망칠 가능성이 높다.

같은 게임이어도 완전히 다른 기분으로 하는 날이 있다. 한 주 동안 수고한 나에게 이 시간이 꼭 필요하다는 사실을 알고 즐기는 것이다. 겉모습은 비슷해 보이지만 이 시간이 내게 어떤 도움과 즐거움을 줄지를 알고 있기 때문에 위의 상황과는 분명 다르다. 일면 '깨어 있는' 상태와 비슷한데, 좀 더 쉽게 설명하자면 이 시간을 보내는 나를 스스로 보고 있다는 느낌이 들 것이다.

전자가 시간에 휩쓸리거나 끌려가는 상태라면, 후자

는 시간에 대한 통제권과 주도권이 내게 있는 상태다. 언제든 흥미가 떨어지면 그 감정을 알아챌 수 있다. 지루하다면 멈출 수 있고, 눈이 뻐근하다면 잠시 눈을 감고 쉴 수 있는 상태이기도 하다.

신기하게도 이렇게 시간의 주도권이 내게 있을 때는 게임의 재미가 더 생생하게 느껴진다. 이 시간에 대한 죄책감이 없고, 정당하게 주어진 여가 시간을 즐길 수 있기 때문에 그 시간의 밀도가 확연히 다를 수밖에 없다. 내가 고르고 선택한 시간을 통해 잘 쉬었다는 느낌이 든다면, 우리는 그 휴식 시간을 통해 깊은 회복을 얻은 셈이다.

결국 게임 자체를 '좋은 휴식이다' 혹은 '나쁜 휴식이다'라는 이분법적 사고로 나눌 수 없는 이유는 그 시간을 보내는 '감정'이 '행위'보다 훨씬 더 중요하기 때문이다. 어떤 마음으로 게임을 하느냐에 따라 쌓였던 스트레스가 풀려서 마음의 활력과 에너지가 생길 수도 있고, 반대로 마음이 더 소진되고 기분이 축 처질 수도 있다.

유튜브나 넷플릭스를 보는 시간도 마찬가지다. 하루 종일 허망하게, 재미있다고 느껴지지 않는데도 무의미하게 영상을 보는 것과 '이거 진짜 재밌는데?' 하면서 설레는 마음으로 콘텐츠를 소비하는 것은 완전히 다른 온도의 시간이다. 행위 자체보다 어떤 감정을 가지고 그 시간을 보냈느냐가 휴식의 밀도를 결정한다.

그래서 남들이 좋다는 방식으로 쉬는 게 아무 소용이 없을 때가 많다. 어차피 그 시간을 대하는 내 감정과 반응은 타인과 같지 않다. 그러므로 지금 내게 가장 즐거운 일, 요즘 나에게 잘 작동하는 시간을 찾는 것이 훨씬 효과적인 방법이다.

내 일상을 가만히 들여다봤다. 상황마다 차이는 있지만 여가 시간을 보내는 방식에 일정한 패턴이 있고, 그 시간마다 느끼는 감정들도 조금씩 다르다는 것을 알 수 있었다. 예를 들면 이런 식이다.

유튜브 보기: 재미 담당
한 주 동안 심각하고 진지했던 나에게 유희와 재미있는 자극을 제공한다.

가만히 있기: 고요 담당
항상 여러 가지 일을 동시에 구상하고 그 일들을 빠

르게 해내려는 나에게 잠시 가만히 있는 시간은 차분함과 평온을 느끼게 한다.

운동하기: 뿌듯함 담당

평소 노트북 앞에 앉아 머리를 굴리는 일이 대부분인 나에게 운동은 일상에서 느끼지 못한 작은 성취감, 뿌듯함을 안겨준다.

누워 있기: 느슨함 담당

맨발로 소파에 누워 "으아-" 하는 소리를 내며 게으름을 만끽하는 것을 좋아한다. 누워 있는 것 자체로 즐거운 나태함과 느슨함을 즐길 수 있다.

책 읽기: 충만 담당

요즘 관심 있는 주제의 책을 만나면 그 어느 때보다 재미있는 몰입의 시간이 시작된다. 마음이 충만해지고 새로운 영감이 가득 찬다.

숙면하기: 충전 담당

잘 자고 일어난 날의 개운함은 이루 말할 수 없다. 잠은 좋은 하루의 시작을 담당한다.

좋은 대화하기: 해소 담당

마음이 복잡하거나 어지러울 땐 잠깐 시간 내 일기장에 생각을 정리하고 그 내용을 토대로 주변 사람들과 대화를 나눈다. 복잡했던 감정의 해소를 돕는다.

각 시간마다 고유한 역할과 기능이 있고, 각자가 다른 책임을 가지고 나를 돕는다고 생각하면 감사한 마음이 든다. 그냥 흘러가듯 사라졌던 시간이 사실은 내게 의미 있는 방식으로 작용했다는 것을 안다면, 그 시간의 주인이 나라는 사실도 분명해질 거라 믿는다. 스스로를 존중하는 방식의 휴식이 존재한다면 바로 이런 시간이 아닐까.

Step 1. 여가 시간을 보내다가 죄책감이 들거나
찝찝한 마음이 생긴다면 잠깐 멈추기

이때 내 감정을 떠올려보면 좋아요. 재미가 없는데도 이 시간을 지속하고 있는지 알아보세요. 감정이 잘 떠오르지 않는다면 내 표정을 살펴보는 것도 좋은 방법입니다.

Step 2. 그 시간을 다른 활동으로 바꾸는 대신
시간의 역할을 떠올리기

예를 들면 이런 것이에요. '일주일 동안 고생했으니 긴장을 완전히 풀어보는 시간을 가져볼까?', '멍하니 유튜브를 보는 대신 이왕 쉬는 거 재미있게 즐겨볼까?', '요즘 몸이 너무 피곤했는데 하루 종일 누워서 쉬는 날로 만들어볼까?'

Step 3. 여가 시간의 시작과 끝을 정하기

지금부터 1시간 동안만 쇼핑하기, 드라마 두 편만 더 보기, 30분만 게임하고 책상 정리하기 등 시간 제한을 만든다. 그 시간이 끝나면 과감히 멈추는 연습을 해보세요.

주말의 휴식

Step 4. 휴식에 역할 부여하기

일상에서 보내는 시간들을 나열하고 그 시간에 역할을 부여해 보세요. 각각의 시간들이 나를 어떤 방식으로 돕고 있는지를 인식할 수 있습니다.

시간: _____ 담당

시간: _____ 담당

시간: _____ 담당

시간: _____ 담당

시간: _____ 담당

시간: _____ 담당

아무것도
하지 않는다는 것

최근 'TEDxSeoul(테드엑스서울)'의 행사에 초대를 받아 강연을 들을 기회가 있었다. 강연 내용 중 박임자 활동가가 운영하는 '아파트 탐조단' 내용이 무척 흥미로웠다. 그녀는 코로나 시기를 보내며 바깥 활동에 제약이 생기자 아파트 단지를 산책하면서 새들을 관찰하기 시작했다. 그 결과 붉은머리오목눈이, 곤줄박이, 파랑새, 큰유리새 등 무려 47종의 새를 발견했다고 한다. 신비롭고 아름다운 탐조의 세계에 빠진 그녀는 어머니 맹순 씨와 함께 아파트 단지에서 만난 새를 그림으로 그리고, '아파트 새지도'를 제작해 배포했다.

　　동네를 산책하며 내가 만났던 새들의 이름을 떠올려

봤다. 참새, 비둘기, 까치, 까마귀. 정말 이것뿐이었을까. 골똘히 생각해보니 잊고 있던 장면들이 떠올랐다. 이른 아침에 우연히 창밖에서 다양한 새들의 울음소리를 들은 적이 있다. 벚꽃이 만개할 무렵 꽃 안에 있는 꿀을 열심히 찾아 먹던 새를 마주쳤고, 그 새를 관찰하느라 한참 벚나무 주변을 맴돌기도 했다. 처마 아래 단단히 집을 지어놓고 먹이를 나르던 제비의 민첩한 움직임에 경이로움을 느낀 적도 있었다. 새는 늘 우리 곁에서 생동하는 존재였다. 그 장면들을 기억에서 지웠던 건 나의 무심함이었다.

무심함은 세계를 자발적으로 탐구할 힘을 잃게 한다. 맞춤형 뉴스, 맞춤형 검색, 나를 위한 추천 상품 등을 제공하는 '관심 경제'에 대부분의 시간을 내어준 상태에서는 알고리즘이 정해준 수동적인 탐험만이 존재한다. 탐조는 그 모든 수동성을 깨버린다. 새롭고 독특한 방식으로 우리의 관심을 유도하기 때문이다. 기약 없는 기다림과 반짝이는 관찰, 우연한 만남이 만들어낸 환희는 우리를 깨끗한 몰입으로 안내한다. 깨끗한 몰입은 순수한 재미와 자유를 기반으로 하기 때문에 몰입의 순간을 보내고 나면 새로운 활력을 얻을 수 있다.

제니 오델의 《아무것도 하지 않는 법》(김하현 옮김, 필로우, 2023)에서는 '아무것도 하지 않음'을 다음과 같이 정의한다.

> "'아무것도 하지 않음'의 절반은 우리의 관심을 도구화하는 디지털 세계의 관심 경제에서 벗어나는 것이며, 나머지 절반은 다른 무언가에 다시 연결되는 것이다."

우리가 새의 세계에 접속하는 순간 끈끈하게 연결되어 있던 온라인 세계와의 접속은 잠시 끊어지고 새로운 연결이 일어나는데, 이것이 바로 무無의 상태에 가깝다는 것이다. 아무것도 하지 않음은 텅 빈 시간이라기보다 평소에는 잘 쓰지 않는 감각을 동원해 한 가지에 명료하게 집중하는 저자극의 상태와 비슷하다고 할 수 있다. 이 저자극에는 새로운 정보와 영감이 담겨 있기는 하지만, 내 마음을 혼란스럽게 하거나 불안을 야기해 무감각의 상태로 빠져들게 만드는 고자극의 시간과는 결을 달리한다.

지난겨울, 춘천 여행에서 이 저자극의 깨끗한 몰입을 경험한 적이 있다. 한파에 대설 특보까지 내린 날이었는데, 온 세상이 눈으로 뒤덮여 모든 것이 멈춰버린 시간 속에 들어온 느낌이 들었다. 꽝꽝 언 시냇물은 흐르기를 멈추고, 텅 빈 논밭은 고요했으며, 아무도 밟지 않은 흰 비단 같은 산책로가 끝없이 펼쳐져 있었다. 나는 눈앞의 겨울 풍경을 마음껏 즐겼다. 겨울의 시골에서 느껴지는 이 고립감을 나는 무척 좋아한다. 아무것도 할 일이 없어서 나뭇가지를 하나 쥐고 바닥을 통통 쓸며 다니거나, 콧물을 달고 집으로 돌아와 따뜻한 방바닥에 배를 깔고 누워 있으면 잉여 인간이 된 것 같아 흐뭇한 마음이 든다.

　　겨울 여행의 또 다른 정점은 '불멍'에 있다. 드럼통처럼 생긴 작은 화로대에 바짝 말라 있는 나무 장작을 하나씩 넣으며 시간을 보낸다. 금방 불이 붙어버린 마른 장작이 타닥타닥 소리를 내면 불멍이 시작된다. 불씨가 나무 속으로 침투하는 장면을 그렇게 열정적으로 오랜 시간 관찰한 적이 있었던가. 광원 같은 불씨가 나타났다가 소멸되는 과정을 지켜보는 순간, '아무것도 하지 않음'의 감각에 접속할 수 있었다. 다음 할 일을 생각하지도, 세상이 어떻게 돌아가는지 탐색하지도, 지금은 결코 알 수 없는 미래를 걱정할 겨를도 없는 시간. 오직 불과 나, 그렇게 가만히 앉아 있는 순간 속에서 깨끗한 몰입을 경험했다.

〈제철휴식〉에서는 구독자들의 다양한 휴식 장면을 제보받아 소개하는데, 유독 아무것도 하지 않는 저자극의 시간을 공유하는 사연이 많다.

◇◇◇

"매주 일요일 오전에 빨래방에 가요. 일주일 동안 쌓아둔 빨래를 들고 갑니다. 세탁기 돌리는 데 30분, 건조기 돌리는 데 30분 정도 걸려요. 그동안 소설책을 읽거나, 좋아하는 유튜브 예능을 봅니다. 사실 아무것도 안 하고 멍때리기에도 좋은 시간이에요. 빨랫감이 세탁기 안에서 거품과 함께 철썩거리는 걸 보다 보면 머릿속이 개운해지는 느낌이 들어요. 건조기에서 갓 나온 빨래를 손으로 차곡차곡 개는 맛도 있어요. 건조기에서 바로 꺼냈을 때 남아 있는 온기도, 깨끗해진 옷에서 나는 향기도 좋아합니다."

_휴식 큐레이터 우정

"요즘 고개를 들어 하늘을 보는 취미가 생겼어요. 변화무쌍한 날씨 덕분에 구름이 바람에 몰려다니기도

하고, 금세 어두워졌다가 밝아지기도 하는 장면을 자주 목격해요. 구름의 모양만 바라보아도 시간이 훌쩍 가요. 골목길을 걷다가 문득, 어떤 고민이나 생각에 빠져 있는 내가 느껴질 때가 있어요. 그때마다 잠깐 멈춰 서서 구름을 바라보는 시간이 즐거워요."

_휴식 큐레이터 보라

"일을 할 때는 혼자만의 시간을 갖기가 너무 힘들잖아요. 매일의 일상에 치여 이런저런 걱정거리들로 머릿속이 가득 차 있기도 하고요. 사람이 없는 조용한 카페에 앉아 '지금 여기, 나는 오롯이 혼자다'라고 느끼는 그 순간을 좋아해요. 낯선 공간에 홀로 앉아 생각도 멈추고 몸도 이완하며 내게 더 집중하는 것. 잠시라도 나를 관찰하는 시간을 갖는 것. 제 삶에 꼭 필요한 시간이에요."

_휴식 큐레이터 토킹마인즈

◇◇◇

언뜻 보면 단순한 반복 노동 같거나 무료하고 텅 빈

시간처럼 느껴지는 이 순간들이 깊은 쉼을 선사하는 이유는 이 일에서 저 일로 갈아타듯 자극에서 자극으로 이어지는 반복 행위가 일어나지 않기 때문이다. 빈손과 머릿속을 채우기 위해 스마트폰을 보며 자극의 파도에 휩쓸리는 대신, 접속하고 싶은 간결하고 단정한 세계에 자발적으로 빠져드는 시간. 그러한 시간은 무엇과도 비교할 수 없는 충전의 감각과 개운함을 선사한다.

　우리는 아무것도 하지 않는 것이 세상 모든 일을 하는 것보다 어렵게 느껴지는 시대에 살고 있다. 자극으로부터 멀어지고 싶은 갈망 때문에 인스타그램을 삭제하기도 하고, 디지털 안식일을 정하기도 한다. 하지만 아무것도 하지 않음의 핵심은 텅 비우는 것이 아니라 몰입과 저자극에 있다고 말하고 싶다. 극단적으로 텅 비워버린 시간이 지나면, 허기진 사람이 음식을 찾는 것처럼 다시 고자극을 찾게 되는 부작용을 겪을 수 있다. 그러므로 내 마음이 좋아지는 저자극의 상태를 따라가보는 시도가 더 필요하다. 이제 우리는 결정해야 한다. 무엇에서 벗어날 것인지 그리고 무엇과 새롭게 연결될 것인지.

'네이처링'이라는 온라인 기반 자연활동 공유 플랫폼을 소개합니다. 네이처링은 누구나 자연을 관찰하고 기록하고 검색할 수 있는 오픈 네트워크인데요. 식물, 곤충, 동물, 갯벌, 해양 등 우리 주변에 존재하는 다양한 생태계에 대한 기록들이 모여 있어요.

네이처링에서는 박임자 활동가가 운영하는 아파트 탐조단의 이야기도 볼 수 있어요. 전국에 흩어져 있는 아파트 탐조단의 탐조 기록을 볼 수 있을 뿐만 아니라 탐조단원들이 올려주는 새소리도 들을 수 있답니다.

우리는 거북 탐사대

얼마 전, 새로운 별명 하나를 얻었다. 《슬램덩크》에서 최애가 누구인지를 남편과 따져보다가, 내가 '안경 선배'라고 말한 게 재밌었던 모양이다. 선배 앞에 다양한 단어를 붙여보다가 남편이 나를 '식물 선배'라고 부르기 시작한 것이다.

나는 어딜 가든 식물을 먼저 본다. 나무, 풀, 꽃을 살펴보면서 식물 생태계의 아름다움에 쉽게 매료된다. 식물 앞에 서면 나는 늘 고요해진다. 식물을 가만히 관찰하기 위해서다. 모든 생명체가 그러하듯 식물 역시 같은 종이라 해도 다 똑같은 법이 없다. 유독 줄기가 굵은 녀석, 나무 기둥 중간에서 새로운 가지를 내고 꽃을 피우는 녀석,

성장이 더뎌 꽃을 늦게 피우는 녀석 등 하나하나 다 다르고 각자의 아름다움이 있어 관찰하는 재미가 크다.

고요해지는 경험은 내게 비일상적인 일이다. 일상에서는 새로운 과제, 새로운 소식, 새로운 할 일에 자주 노출되기 때문에 내면의 고요함을 유지하는 것이 무척 어렵다. 더 정확하게 말하면 현실의 삶 속에서는 하나의 주제에 단순하고 잠잠하게 집중할 수 있는 시간이 극도로 부족하다. 그런데 식물 앞에 서면 신기하게도 그 일이 가능해진다. 강풍이나 뇌우를 견뎌내거나, 뜨거운 뙤약볕 아래 하루 종일 서 있거나, 아무것도 보이지 않는 어둠 속에서도 살아남은 식물 앞에선 내 존재가 작게 느껴진다. 그렇게 나는 어디에서든 식물에 먼저 마음을 빼앗기는 식물 선배가 됐다.

유치해서 여기까지는 안 쓰려고 했지만, 남편의 새 별명은 같은 맥락에서 '동물 선배'가 됐다. 어딜 가든 동물을 먼저 찾기 때문이다. 미용실에 머무는 고양이, 숲에서 만날 수 있는 다람쥐, 화단에 떼 지어 다니는 참새 모두 그를 멈추게 하는 친구들이다. 우연히 들어선 공원에 연못이나 습지가 있으면 바위 위에 한참을 쪼그려 앉아 있는다. 개구리나 오리, 작은 가재나 물고기들이 있는지 찾기 위해서다.

그중에서도 그가 제일 좋아하는 동물은 단연 거북이다(우리나라 강가에서 주로 볼 수 있는 종은 대부분 거북이가 아닌 남생이이지만, 보통은 그냥 거북이라 부른다). 거북이가 활발하게 활동하는 봄이 되면 우리는 자주 '거북 탐사대' 활동을 나선다. 주로 홍제천과 한강이 만나는 길목 어귀로 탐사를 나가는데, 겨울잠에서 깬 거북이들이 강가 근처 돌 위에서 일광욕을 하거나 무리 지어 헤엄치는 장면을 볼 수 있기 때문이다.

엄마 거북이와 아기 거북이가 함께 헤엄치는 장면을 목격하면 그날은 운이 좋은 날이다. 아직 수영이 서툰 아기 거북이가 엄마 거북이의 등에 타려고 하거나, 몇 번의 시도 끝에 등껍질에서 미끄러지는 장면을 본다면 대운이 따르는 날이다.

거북 탐사를 나가는 길엔 주로 자전거를 이용한다. 출동하는 맛이 있기 때문이다. 바람을 가르며 자전거를 타고 와 홍제천 어귀에 세우면, 새까만 다리와 샌들을 자랑하던 초등학교 시절이 생각난다. 자전거나 롤러스케이트를 타고 친구들과 함께 출동할 때면 어디든 갈 수 있고

주말의 휴식

무엇이든 할 수 있는 존재가 된 것 같았다. 그때의 우리는 언제든 자연으로 출동 직전인 상태였다.

거북이가 눈에 쉽게 띄지 않는 날이 많기에 보통은 한자리에 오래 머무르며 그들의 등장을 기다린다. 그 모습을 누군가 관찰 카메라로 찍는다면 좀 웃길 것 같다. 다 큰 2명의 어른이 전속력으로 자전거를 타고 달려와 길가에 급히 정차하고, 한참이나 쪼그려 앉아 강가를 보고 있는 모습이라니. 거북이가 나타나지 않더라도 포기하지 않고 히죽히죽 웃으며 다른 장소로 이동하는 모습이 얼마나 유치하겠는가.

식물 선배나 동물 선배 상태에서 우리는 조금 다른 사람이 되는 듯하다. 자주 멈추고 무언가를 오래 관찰한다. 별것 아닌 다름을 발견하고 경이로움을 느낀다. 단순해지고 자주 재미있어한다. 일상에서 잔뜩 어른인 척하느라 굳어진 어깨가 부드럽고 자연스럽게 풀린다. 이 상태에서 우리는 자유롭고 가벼운 상태로 존재한다. 깨어 있고 또 살아 있다.

동물이나 식물을 관찰할 땐 우리 주변에 생각보다 많은 생명이 존재함을 자각할 수 있다. 온갖 물건에 둘러싸여 있을 때는 세상이 무생물로 이루어진 듯한 느낌에 지배당하기 쉽다. 그러다 살아 있는 것들과 연결되면 나 역시 살아 있는 생명이라는 사실이 새롭게 다가온다. 숨 쉬고, 자라고, 나이 들고, 또 죽는 존재라는 사실 안에서 나는 자주 겸손해진다.

물론 살다 보면 이 감각은 자주 잊힌다. 살아 있는 것들보다 살아 있지 않은 것들이 더 중요하게 느껴지고, 눈앞의 과제로 시야가 좁아진다. 당장 해결하지 않으면 큰일 날 것 같은 일들도 한 발짝 떨어져서 보면 별것 아닌 경우가 많은데 그 간단한 사실을 정말 자주, 쉽게 간과한다. 그럴 때 한 번씩 식물 선배나 동물 선배가 되어보면 어떨까. 아무런 의도나 목적 없이 살아 있는 것만으로 의미 있는 존재들 앞에서 나의 아등바등은 귀여운 제스처가 된다.

식물과 동물에 둘러싸일 때마다 내가 느낀 고요와 환희는 아마 기분 좋은 멈춤의 경험이었을 것이다. 앞으로 뚫고 나가려는 성장의 감각 대신, 멈추어 한 발 뒤로 물러나는 후진의 감각이야말로 그동안 내가 쓰지 않아 무뎌진 감각이었다.

누구에게나 그 자리에 잠시 멈추게 하고 고요하게 만

드는 장치가 존재할 테다. 그리고 이 멈춤의 장치를 잘 활용하는 것이 좋은 쉼으로 가는 훌륭한 방법 중 하나라고 생각한다. 오늘 아침은 내게 특별했다. 어제 새로 심은 파란 꽃, 델피니움의 안부가 궁금해 일어나자마자 화분 앞으로 달려갔기 때문이다. 눈만 뜨면 스마트폰을 켜고 한참이나 의미 없는 소식을 뒤적이던 최근의 내 모습과는 달랐다.

삶에서 나를 멈추게 하는 것들 앞에 더 자주 서고 싶다. 이 비일상적인 감각이 나를 좋은 쉼으로 안내할 것을 믿는다.

아래의 단어 중 유독 마음에 드는 자연의 키워드에 동그라미로
표시해보세요. 해당 키워드를 마음속에 저장해두고, 일상에서
나만의 멈춤 장치로 활용할 수 있다면 좋은 쉼으로 가는 출발의
문을 연 셈입니다.

자연의 키워드

호수, 바람, 구름, 노을, 해변, 산, 까치, 고양이, 강아지, 무당벌레,
보름달, 별, 강, 나비, 벌, 해, 산비탈, 바다, 들꽃, 갈대, 오리, 빗소리,
매미, 폭포, 돌멩이, 수달, 낙엽, 갈매기, 허브, 소나무, 그늘, 새벽,
담쟁이덩굴, 연못, 밤하늘, 버드나무, 뒷동산, 야생화, 풀밭, 우주

나만의 키워드 쓰기

최근 푹 빠진 TV 프로그램이 있다. 마술사들이 자신만의
무대를 준비해 경연을 펼치는 마술 오디션 프로그램이다.
어렸을 적 명절마다 방영했던 특집 프로그램 중에서도 유
독 마술쇼를 좋아했다. 손에서 카드가 순식간에 나타났다
가 없어지고, 보지도 않은 숫자를 단번에 맞춰 사람들을
놀라게 하는 장면을 볼 때마다 경이로움에 입을 다물지
못했다.

　마술사들이 펼치는 매혹적인 무대를 보며 오랜만에
어릴 적 기억이 떠올랐다. 이전에 몇 번 카드 마술을 연습
한 적이 있어, 책장에서 트럼프 카드를 꺼내 여러 가지 손
기술을 시도해봤다. 카드를 손등 뒤에 숨겼다가 한 번에

딱 꺼내는 동작이 너무 어설퍼서 스스로도 웃겼는데, 손기술을 연습하는 게 재밌어서 카드를 한참 돌려가며 몰입했다.

카드 마술을 연습하는 특별한 이유는 없다. 그냥 재미있어서다. 학교를 졸업하고 직장에 다니기 시작하면서부터는 목적 없이 하는 일이 몇 없었다. 최적화된 길로 이동하기 위해 여행 경로를 짰고, 완곡을 연주하기 위해 기타를 배웠다. 내게 좋은 경험을 시켜주기 위해 새로운 곳에 갔고, 더 좋은 직업을 갖기 위해 영어를 배웠다. 많은 시간이 특정한 목적을 이루기 위해 채워졌다.

무엇을 더 좋게 만들기 위해, 잘하기 위해, 다음 단계로 가기 위해 하는 일 말고 망쳐도 좋으니 그냥 재미있어서 하는 일들은 점차 줄어들었다. 떨어지는 빗방울을 하염없이 바라본 경험, 동네를 어슬렁거리는 산책, 아무 의미 없는 낙서를 하는 시간이 줄었다.

무의미하고 쓸모없어 보이는 유희의 시간은 스마트폰이 모두 잠식해버렸다. 처음에는 모든 게 신기하고 손쉽게 정보를 얻을 수 있어 푹 빠져들었지만, 스마트폰은 내게 수동성을 강요한다. 타인의 삶과 고생을 누워서 바라보고, 타인이 몇 달 혹은 몇 년에 걸쳐 배우고 쌓아온 것들을 축약해 소비한다. 내가 직접 선택하여 탐험하거나, 망치고 부서지는 경험은 생략된다. 그래서 유튜브를 너무 과하게 소비하거나 재미도 없는데 몇 시간씩 드라마를 정주행할 때면 오히려 활력을 잃는 느낌도 자주 든다.

그런 맥락에서 카드를 이리저리 휘어가며 마술 연습을 했던 시간은 색다른 즐거움을 안겨줬다. 내게 그런 매개가 또 하나 있다. 바로 보드게임이다. 보드게임을 본격적으로 시작한 건 코로나19가 유행하면서부터였다. 여러 사람이 모이는 일 자체가 꺼려지는 시기였기 때문에 여가 시간을 집에서 보내야 했고, 친구들을 집으로 초대해 보드게임을 하기 시작했다. 보드게임 룰마스터인 남편의 가이드에 따라 우리는 몇 시간씩 스마트폰도 보지 않고 놀이를 즐겼다.

보드게임은 늘 확실한 즐거움을 보장했다. 직접 게임 안의 플레이어가 되어 주사위를 굴려 선택하고, 내가 모은 자원으로 세상을 만들어나간다. 그 과정이 엉성하더라도 상관없다. 게임을 하는 과정에서 내가 재미있다면 그만이다. 망치거나 실수해도 크게 한 번 웃거나, 어린아이처럼 씩씩대며 마음껏 아쉬워해도 괜찮다. 멍하게 시간을 흘려보내는 대신 깨어 있는 상태로 살아 있는 감각을 느끼는 것. 아무리 정신없이 바쁘게 지내도 내 삶에 확실한 재미를 주는 활동이 있다는 사실이 큰 위안이 됐다.

보드게임 말고도 순수한 재미를 느꼈던 순간들이 있었다. 인테리어 박람회에 갔을 때, 가보고 싶었던 여행지에 도착했을 때, 그리고 자전거를 탈 때였다. 인테리어 박람회에서 좋아하는 조명과 의자를 실컷 구경할 때면 숨어 있던 오감이 깨어나는 느낌이 든다. 구경하는 그 자체로 충만해진다. 베를린에 처음 갔을 땐 아름답고 자유분방한 거리의 모습에 매료됐다. 작은 것 하나를 보더라도 지나치는 법이 없었고, 자유로운 영혼으로 일탈을 하고 싶다는 생각이 들기도 했다. 자전거를 탈 때는 궁극의 자유를 느꼈다. 빠르게 지나가는 풍경과 시원한 바람, 페달을 밟는 발바닥의 감각에 의존해 앞으로 나아가는 쾌감이 나를 살아 있게 만들었다. 그 순간 내 안의 어린아이를 봤다.

어린 시절을 떠올려보면 이런 시간들이 내 삶의 일부를 차지했다. 밖에 나가서 놀려고 했다가도 비가 오면 방구석에서 스케치북을 펼쳤다가, 종이접기를 했다가 하며 몸을 비비 꼬면서 무용하게 하루를 보냈다. 시시각각 하고 싶은 것을 하고, 한정된 자원으로 스스로를 재미있게

만들 궁리만으로 내면세계에 푹 빠져들었다. 당연한 이야
기지만 더 나은 사람이 되어야 한다는 생각 따위는 없었
다. 자유롭고 감각이 살아 있으며 엉뚱하고 호기심이 가
득했다.

매일을 이렇게 살 수 없더라도, 한 달에 한 번만이라
도 이런 시간을 만든다면 일상은 어떻게 변할까? 진지하
고 엄숙한 얼굴 대신 아이처럼 웃을 수 있는 시간이 조금
씩 늘어간다면 내 삶은 얼마나 생생해질까? 한 발짝 떨어
져 보면 별로 심각하지도 않은 일에 팔자주름을 깊게 만
드는 대신, 솔직하게 기뻐하고 아쉬워하고 엉뚱하게 굴
수 있다면 내 삶은 얼마나 더 충만해질까?

놀이는 내게 자유로움을 준다. 미래에 대한 걱정이나
지금 내 상태에 대한 불안 없이 나를 있는 그대로의 모습
으로 존재하게 하는 힘이 있다. 그래서 내 삶에 무용한 놀
이의 시간을 더 많이 만들어주고 싶다. 무엇이 되지 않아
도 상관없고, 무엇을 달성할 필요도 없는 시간 속에서 깊
은 자유를 느낀다. 이 자유는 내가 그저 나로 존재해도 괜
찮다고 말한다.

누구나 삶에서 확실한 즐거움이 보장되는 놀이 하나

쯤은 가졌으면 한다. 그래서 더 자주 어린아이가 되고, 어린아이의 상태로 온전히 쉴 수 있는 여유가 더 많아졌으면 좋겠다.

어린 시절의 기억, 태초의 내가 좋아했던 것에 대한 감각을 깨울
수 있는 질문을 준비했어요. 오래 고민하지 말고 직관적으로 떠
오르는 답들을 적어보세요.

1. 어릴 적 가장 신나게 했던 일은?

----

2. 어릴 적 가장 흥미진진하게 읽었던 책의 내용은?

----

3. 처음으로 키웠던 식물이나 반려동물은?

----

4. 어릴 적 받았던 칭찬 중 기억나는 말은?

----

5. 어릴 적 소중히 간직했던 보물은?

- -

- -

- -

6. 순수한 호기심으로 도전해서 끝까지 해낸 일은?

- -

- -

- -

7. 처음으로 느낀 '나는 특별하다'고 느꼈던 순간은?

- -

- -

- -

8. 어릴 적 나를 위로해주었던 물건은?

- -

- -

- -

"잠을 푹 못 자니
악순환이 계속됩니다"

구독자 S님의 편지

요즘 잠을 잘 못 자요. 침대에 누우면 잠에 금방 들긴 하는데, 새벽에 자꾸 깨요. 다시 자려고 노력하다가 잠이 안 오면 결국 스마트폰을 보게 되고, 다음 날 피곤한 상태로 오전 시간을 보내요. 푹 잘 자고, 하루를 건강하게 보내고 싶어요.

불면을 통해 나를 배우기

잘 자는 일은 정말 중요하죠. 깨어 있는 시간 동안 아무리 틈틈이 잘 쉬어준다고 해도, 숙면을 못하면 결국 종일 몸과 마음의 기능이 온전치 않을 거예요. 불면의 밤을 여러 날 보낸 저의 경험에 비추어 S님께 좋은 잠을 위한 시도를 몇 가지 먼저 소개할게요.

우선 매일 같은 시간에 잠들고 일어나는 연습을 하는 것이 중요해요. 내 생활 리듬에 맞추어 수면 시간을 계획해보면 좋겠어요. 먼저 잠드는 시간은 밤 12시를 기준으로 설정하고, 잠들기 최소 1시간 전부터는 잠에 진입할 수 있도록 '수면 준비모드'로 전환하기를 추천해요.

12시 수면을 목표에 둔다면 11시부터는 준비모드가

시작되는 거죠.

수면 준비모드에서는 이런 것들을 시도하면 좋아요.

우선 집 안 혹은 방 안의 조도를 확 낮춰주세요. 아주 어두운 조명 하나만 켜두는 것이 좋아요. 그다음 옷을 잠옷으로 갈아입어요. 일상복에서 잠옷으로 옷을 갈아입는 행위도 수면 시간이 시작됐음을 알리는 좋은 의식 중 하나예요. 미리 잠옷으로 입을 만한 옷을 준비해두어도 좋아요. 또 하나, 아주 잔잔하고 고요한 명상 음악을 틀어요. 싱잉볼 음악도 좋고요. 새소리나 풀벌레 소리가 담긴 음악도 괜찮아요. 비트나 노래 가사가 포함된 것보다는 최대한 자극이 덜한 자연의 소리를 틀어두세요. 그다음 따뜻한 물을 한 잔 마시고 가벼운 스트레칭을 시작합니다. 저는 발목을 손으로 잡고 허벅지 뒤쪽을 쭉 늘리며 다리의 순환을 돕는 동작을 좋아해요. 깍지를 낀 채로 좌우로 손을 쭉 뻗어 옆구리를 천천히 늘려주는 동작도 몸을 따뜻하게 만들어주어 도움이 돼요.

여러 가지 방법 중에서 내게 맞는 루틴을 만들어 기록해보고 그대로 시행하면 좋아요. 머릿속에서 떠올려 실행하는 것보다는 종이에 정확히 적어두고 따라 해보는 거죠. 마음이 아직 잘 준비가 되지 않았다고 해도 물리적으로 수면 모드에 들어갔다는 사실을 머릿속에 각인시키면서 서서히 잠으로 걸어 들어갈 준비운동을 해보는 거예요.

처음에는 이 의식이 낯설고 한편으로는 귀찮게 느껴질 수도 있어요. 하지만 여러 번 시도하다 보면 점점 몸과 마음이 고요해지는 순간을 만나는 날이 올 거예요. 그 긍정적인 느낌이 한번 마음속에 각인되면 '내게 또 해주고 싶다'라는 동기가 생길 거고요. '매일 이걸 해내야만 해!'라는 강박적인 마음보다는 '나를 정말 잘 돌보고 있다는 느낌이 드네'와 같이 기분 좋은 감정을 활용하는 것이 루틴을 '지속'하는 데 훨씬 더 도움이 돼요.

이렇게 수면 준비에 들어가 여러 가지 루틴을 실행하다 보면 몸의 속도가 살짝 느려지면서 점점 절전모드가 되어감을 느낄 수 있어요. 노곤노곤함이 몰려오기 시작하는 거죠. 이런 감각이 느껴진다면 잠을 위한 준비를 정말 잘하고 있는 거예요.

마지막으로 가장 중요하고도 어려운 시도가 하나 있는데요. 바로 '스마트폰을 충전하는 장소 바꾸기'입니다. 충전 스테이션이 잠자는 곳과 가깝다면 물리적으로 멀리 떨어진 곳에 배치해서 자기 전에 스마트폰을 하지 않도록

휴식 고민 상담소

환경을 조성하는 것인데요. 매일 하기 어렵다면 에너지가 좋은 날, 이 마음을 이겨낼 수 있는 날 딱 하루만 먼저 해보세요. 정말 신기하게 하루만 시도해도 효과가 느껴지는 루틴이에요.

저는 여행을 갔을 때 처음 이 루틴을 시도했었는데요. 충전기가 침대와 멀리 떨어져 있는 방 구조 덕분에 스마트폰을 따로 두고 잠잘 준비를 마칠 수 있었어요. 그리고 오늘 하루 있었던 일들을 간단하게 일기로 적다가 잠이 들었고요. 다음 날 아침, 일어나자마자 스마트폰을 찾는 대신 가만히 멍때리며 앉아 있는 저를 발견했어요. 자기 전에 스마트폰을 한 번 안 봤을 뿐인데 새로운 자극이 궁금하지 않은 상태로 아침을 맞이할 수 있다는 것이 무척 놀라웠어요. 이 느낌이 좋아서 여행 4일 내내 수면과 기상 시간 모두 잠시 스마트폰과 멀어질 수 있었고, 하루 종일 덜 산만한 상태로 보낼 수 있었어요.

지금 소개한 수면 준비모드는 평소보다 좀 산만하거나 일시적으로 불면이 생겼을 때 유용하게 사용할 수 있는 방법이에요. 그런데 만약 S님이 이보다 더 깊은 불면의 시기를 지나고 계신다면 근본적인 내면의 불안이 작동하고 있을 가능성이 커요. 저도 몇 가지 방법들로는 해결되지 않는 뿌리 깊은 불면의 밤을 보낸 시기가 있었는데요.

처음 불면이 시작된 건 30대 초반이었어요. 퇴사를 하고 나서 자유롭게 사용할 수 있는 시간이 많아진 것뿐인데 스스로 게으르다는 생각이 멈추지 않았고, 더불어 그동안 바쁘다는 핑계로 마주하지 않았던 온갖 부정적 감정들이 한꺼번에 밀려오기 시작했어요. 주로 새벽 3~4시에 잠에서 깼는데요. 서서히 잠에서 깨는 게 아니라 불안한 생각과 함께 퍼뜩 깨버리는 패턴이었어요.

처음에는 불안한 상태에서 깬다는 것조차 자각하지 못했어요. 그러다 '잠에서 깨면서 제일 처음 떠오르는 생각이 지금 나를 불안하게 만드는 핵심 생각이구나'라는 사실을 알게 됐죠. 어떤 날은 불편한 관계에서 비롯된 어두운 마음이었고, 어떤 날은 경제적 불안이 불러온 스스로에 대한 의심 때문이었어요. 깊은 잠에 들기 위해 깨어 있는 동안 많은 노력을 해봤지만 아무 소용이 없었어요. 아무리 격한 운동을 해도, 자기 전 좋은 수면을 위한 환경을 만들려고 노력해도 새벽에 불현듯 깨는 현상은 다시 찾아왔어요. 어둠 속에서 몇십 분을 그냥 누워 있기도 했지만, 불안한 생각은 꼬리에 꼬리를 물어 더 커지기 일쑤였어요. 도망갈 곳이 필요했고, 그러면 또 어김없이 스마트폰 속으로 빠져들었어요.

그러던 어느 날, 브레네 브라운의 《마음 가면》(안진이 옮김, 웅진지식하우스, 2023)에서 글쓰기의 치유력에 대한 구절을 만나게 됐어요.

"페니베이커 박사는 《치유하는 글쓰기》라는 책에서 이렇게 설명한다. '1980년대 중반부터 연구자들은 치유의 수단으로서 글쓰기가 지닌 가치에 주목하기 시작했다. 자신에게 트라우마가 된 경험을 3~4일 연속으로 하루 15분에서 20분 동안 글로 쓰면 육체적·정신적 건강 상태에 측정 가능한 변화가 일어난다는 증거가 쌓이고 있다. 감정을 담아내는 글쓰기는 수면, 업무 효율, 대인 관계에도 좋은 영향을 미친다.'"

글쓰기가 마음을 살피고 돌보는 데 도움이 된다는 것은 알고 있었지만, 새벽에 잠에서 깼을 때 노트에 마음을 끄적거릴 생각은 하지 못했어요. 그래서 어느 새벽, 잠에서 깨 졸린 눈으로 펜을 잡고 두서없이 지금 떠오르는 불안에 대해 썼어요. 있는 그대로 떠오르는 생각을 나열했죠. 아무 검열 없이 지금 느끼는 불안을 솔직하게 써 내려

갔고, 반 페이지 정도 썼을 때쯤 갑자기 잠이 몰려왔어요. 오랜만에 그 어느 때보다 깊은 숙면을 취했어요.

'내 마음을 알아준다는 건, 내 마음에서 도망치지 않고 나를 마주 본다는 뜻이구나.'

'내 마음을 알아주는 순간, 불안은 구름처럼 흩어지는구나.'

'사라진 불안의 자리에 몹시 졸리고 피곤했던 내가 있었고, 비로소 나는 잠들 수 있었구나.'

아침에 일어나 곰곰이 생각해보니 그동안 불안으로부터 도망치며 한 번도 그 마음을 제대로 알아주려고 하지 않았던 제가 보였어요. 이 배움은 제게 깊은 울림을 줬어요. 그동안 부정적인 감정을 피하기 위해 피곤한 상태에서도 스마트폰을 봤고, 스스로를 외면한 대가로 하루 종일 컨디션 난조를 겪어야만 했어요. 오랜 시간을 돌고 돌아 내 마음과 마주했을 때, 불안이 제게 이렇게 외치는 것 같았어요. '나를 봐줘서 고마워. 네가 한 번도 나를 봐주지 않고 모른 척해서 계속 너를 깨울 수밖에 없었어.'

물론 불면이 한 번에 마법처럼 나아지지는 않았어요. 켜켜이 쌓였던 불안의 목소리가 쉽게 잠재워질 리는 없으니까요. 하지만 그때마다 노트를 찾았어요. 그리고 지금의 불안을 담담하게 써 내려갔어요. 불안을 다 썼는데도 잠이 오지 않는 밤도 많았어요. 그런 날에는 그냥 스마트폰을 보는 쪽을 선택했어요. 그런데 무의식적으로 시간이 어떻게 흘러가는 줄도 모르고 볼 때와는 좀 다른 느낌이었어요. '최선을 다했는데도 아직 불안이 나를 놓아줄 수 없다면 어쩔 수 없구나' 하는 마음이었거든요. 스마트폰을 보는 행위 자체는 같았지만 마음은 달랐고, 보다가 다시 잠드는 시간도 예전보다 빨라졌다는 걸 느꼈어요. 내가 지금 무엇을 하고 있는지 감각하고 있는 상태였기 때문이었어요. 새벽에 깨서 노트에 글을 쓴 지 일주일쯤 되었을 때, 오랜만에 한 번도 깨지 않고 통잠을 잤어요. 마음속 찌꺼기가 조금씩 비워지고 있다는 느낌이 들었어요.

어떤 식으로든 해소되지 않은 불안은 또다시 나를 찾아올 수 있다고 생각해요. 그 불안은 자는 나를 갑자기 깨울 수도 있고, 배고프지 않은 나를 먹게 할 수도 있고, 이미 충분히 가지고 있는 내게 부족하다는 느낌을 불러일으켜 필요하지 않은 물건을 소비하도록 할 수도 있죠. 중요한 건 '잠깐의 멈춤'으로 그런 나를 알아봐주는 일 그리고 가능하다면 꼭 그 마음을 한 번은 봐주는 일이라고 생각해요. 노트에 써도 좋고 마음으로 되뇌어도 좋아요.

울고 있는 불안을 외면하지 않고 안아준다는 건 참 신기하고 아름다운 일 같아요. 불안이 반갑지 않은 손님처럼 한 번씩 찾아온다면, 그런데 피할 수 없다면 천천히 그 손님을 궁금해했으면 좋겠어요. 인사도 건네고, 질문도 하고, 무엇이 필요한지 안부도 물으면서요.

올해 제게 어떤 성장이 있었나 돌아보면, 단연 내 '불안을 봐준 것'이라고 기록하고 싶어요. 울퉁불퉁하고 모난 내 모습을 회피하거나 무시하지 않고 있는 그대로 솔직하게 글로 써보려고 한 것, 엉망이고 부서진 내 모습도 나의 일부로 조금씩 받아들이고 있는 것, 이보다 더 눈부신 성장이 있을까 하는 생각을 해요. 구불구불하게 가고 있는 저를 조금 더 기특하게 바라보려고요. 불면은 여전히 한 번씩 찾아오지만, 불면을 마주하는 제 방식은 분명 바뀌고 있음을 느껴요. S님의 불면에도 모난 나를 새롭게 바라보는 다정함이 함께하기를, 그 안에서 뜻밖의 발견과 성장이 함께하기를 진심으로 응원할게요.

불면의 시기를 오래 버텨온 1인으로서 좋은 수면에 도움이 됐던 루틴을 몇 가지 더 소개해볼까 해요. 앞에서 소개한 수면 준비모드 루틴과 더불어 마음에 드는 것을 기록해두었다가 나만의 수면 루틴을 완성해보세요.

1. 풀벌레 ASMR 소리 듣기

저는 요즘 수면 모드에 진입하기 위해 유튜브에서 풀벌레 ASMR을 검색해 틀어둬요. 고요한 숲속에 들어와 있는 느낌이 들거든요. 배경음악이 거슬리지 않을 정도로 잔잔한 플레이리스트를 선택하는 것이 좋아요. 이때 조도를 함께 낮춰두면 훨씬 효과적이에요. 제가 자주 듣는 풀벌레 소리를 소개합니다.

2. 몸의 순환 돕기

하루 동안 다리에 모였던 피로를 풀어요. 주로 압박 스타킹을 신거나 '젠링'이라고 불리는 마사지링을 활용하는데요. 다리 순환이 활발해지면 몸속의 피가 원활히 돌고, 이완되기 때문에 잠이 잘 오더라고요. 한마디로 몸이 노곤노곤해지는 상태를 만드는 게 중요해요.

3. 눈의 피로 풀기

하루 종일 스크린 화면을 보느라 피곤한 눈가 주변을 풀어주는 것도 도움이 돼요. 손끝이나 구부린 손가락 마디를 활용해 눈썹 라인을 따라 눈가를 눌러줘요. 관자놀이까지 꾹꾹 눌러주면 경직되어 있던 눈 주변 근육이 풀어진답니다. 이 역시 몸을 더 노곤노곤하게 해줘요.

4. 따뜻한 물 마시기

특히 여름에는 아이스 음료를 많이 마시는데요. 자기 전에는 일부러 미지근한 물을 만들어 반 잔 정도 마셔줘요. 목부터 따뜻한 물이 들어가며 몸이 뜨끈하게 데워지는 감각을 느껴보기를 추천해요.

5. 정서적 이완하기(감사일기)

저는 정서적 이완을 제일 중요하게 생각하는데요. 몸을 노곤하게 다 풀어준 상태에서 오늘 감사한 일을 떠올려보고 짧은 일기를 써요. 아주 잠깐 오늘의 감사를 떠올리는 것만으로 자기 전의 사소한 잡생각이나 불안을 줄일 수 있어요.

4장

멈춤을 위한 휴식

힘든 나를 모른 척하지 않기

게으름에
　　　　이름 붙이기

최근 한두 달 동안 바쁜 일정 속에서 쉼 없이 달렸다. 격주마다 발송해야 하는 뉴스레터, 매주 돌아오는 원고 마감, 유튜브 영상 제작 그리고 새로 의뢰받은 휴식 워크숍 준비까지 시간 엄수가 필수인 작업들이 이어졌다. 긴장감과 몰입이 가득한 날들이었다. 이렇게 일이 많은 시기에 나타나는 몇 가지 증상이 있다. 일단 평소보다 과하게 일해도 피곤함이 잘 느껴지지 않는다. 정신이 살짝 각성되어 있고 더 긴장한 상태로 지내기 때문이다. 빠져나가는 에너지가 많기 때문에 평소보다 오히려 몰입을 유지하는 시간은 더 짧아진다. 마음의 속도가 행동보다 빨라서, 자주 조바심이 나고 불안하다. 집으로 돌아와서도 콘텐츠를 생각하거나 저녁 늦게까지 노트북을 끼고 있는 시간이 많아지기도 한다.

문제는 그다음이었다. 바쁜 일정 중간에 딱 하루 쉴 수 있는 날이 생겼는데 온종일 게으름을 피워도 회복된다는 느낌이 들지 않았다. 평소보다 늦게 일어나 밥도 든든히 먹었고, 미뤄둔 넷플릭스도 마음껏 보고, 낮잠까지 자고 일어났는데도 손 하나 까딱할 힘이 없었다. 에너지가 바닥난 상태에서는 휴식을 아무리 쏟아부어도 쉽게 충전되지 않는다는 사실을 그때 알았다. 몇 해 전 읽었던 데번 프라이스의 《게으르다는 착각》(이현 옮김, 웨일북, 2022)에서 이 문장을 만났다.

> "나는 우리가 '게으름'이라고 부르는 것이 사실 강력한 자기 보존 본능임을 알게 되었다. 동기가 없고 방향을 잃거나 '게으르다'고 느끼는 것은 우리의 몸과 마음이 평화와 고요함을 애타게 찾고 있다는 뜻이다."

몸과 마음이 그동안 애타게 늘어지는 시간을 원했음에도 나는 그 부름에 답하지 않았다. '지쳤다는 신호를 느끼지 못할 만큼 지쳤다'라는 것을 '버틸 만하다'로 착각하고 있었던 내가 보였다. 버텨야만 한다는 목소리가 너무 커서 그 이외의 다른 목소리는 발언권을 잃었던 것이다. 나는 평화와 고요함에 목말라 있었고, 결국 목표와 성취로 마비시켰을 때는 느껴지지 않았던 모든 피로감이 한번에 찾아왔다.

이후 게으름에 대한 관점이 달라졌다. 게으름은 단순히 나태함이 아니라 몸과 마음의 신호를 감지하고 적절한 멈춤을 허용하는 상태였다. 다시 말해 게으름을 적절히 허용하는 것은 무척 건강하다는 뜻이었다. 내가 해야 할 일에서 잠시 벗어나 나를 전체적으로 바라볼 수 있는 여유, 즉 더 넓은 관점을 갖게 된다는 의미이기도 했다.

한계에 다다를 때 우리의 뇌는 삶에서 사소하지만 중요한 것들을 놓치지 말라는 미묘한 신호들을 보낸다. 지금 지쳤으니 에너지를 충전해야 한다고, 머리를 비우는 무용한 시간을 보내도 된다고, 너무 빠르게 속도를 내지 말고 잠시 쉬어가도 된다고 말을 건넨다. 내게도 이런 신호들이 감지될 때가 있다.

한계에 다다랐을 때 감지되는 신호들
▪ 식사를 할 때 음식의 맛을 잘 음미하지 못하고 해

치우듯 끝낸다.

- 미묘하게 목과 어깨의 긴장감이 더 많이 느껴진다.
- 설거지나 청소와 같이 일상적인 일이 버겁다.
- 평소보다 외부의 반응, 사람들의 말에 예민해진다.
- 꿈에서 요즘 내가 해결해야 할 일이 자주 나타난다.
- 시간을 효율적으로 사용하는 것에 집착한다.
- 일에서 작은 성취감이나 보람을 느끼기가 어렵다.
- 원래 재밌게 하던 활동이 삶의 우선순위에서 계속 밀려난다.

이러한 신호가 나타날 때 가장 먼저 해야 할 일은 잠시 멈추고 숨을 고르는 것이다. 하던 일을 내려놓고 숨을 크게 3번 아주 천천히 쉬어보자. 숨을 쉬면서 가슴이 얼마나 답답했는지, 내가 얼마나 숨 쉴 틈 없이 달리고 있었는지 생각해본다.

피로한 내 상태를 인정하고 받아들이면 나를 도울 수 있는 방법들이 더 구체적으로 떠오른다. 앉은 자리에서 천천히 목을 돌리면서 경직된 근육을 풀어보거나, 식사를 할 땐 일 생각을 잠깐 멈추고 오직 맛에만 집중하거나, 아무것도 하지 않고 잠시 멍때리는 시간을 가져보는 일도 도움이 된다.

〈제철휴식〉 상담소에 이런 휴식 고민 사연이 접수된 적이 있다.

"하고 싶은 대로만 놀고 쉬면 이기적이고 나태하다는 생각이 들어요. 쉬는 나를 예쁘게 바라볼 수 있는 방법이 있을까요?"

지쳤다는 사실을 인정한다고 해서 스스로를 다그치는 마음이 쉽게 사라지진 않는다. 나 역시 종종 '지금은 더 열심히 해야 할 시기인데'라는 생각에 사로잡힌다. 그럴 때는 시간을 새롭게 바라보는 연습이 필요하다. 의도적으로 게으른 시간을 보내겠다고 결심한 뒤, 그 시간에 새로운 이름을 붙여보는 것이다. 이름을 붙이는 행위는 우리의 행동과 감정에 긍정적인 변화를 가져온다. 심리학에서는 이를 '라벨링 효과'라고 부른다. UCLA의 매튜 리버만 박사가 연구한 결과에 따르면, 감정을 명명하는 것만으로도 뇌의 전두엽이 활성화되며 정서적 안정감을 얻을 수 있다고 한다. 예를 들어, 막연히 '답답하다'고 느끼는 대신

'서두르려는 마음 때문에 초조한 상태'라고 구체적으로 표현하면 내 상태를 더 명확히 이해할 수 있다. 이처럼 평범한 시간에 새로운 이름을 붙이면, 막연하고 추상적으로 흘려보내던 순간들이 구체적인 의미를 가진 시간으로 바뀌게 된다.

'게으름의 시간'에 새 이름 붙여주기

아래는 〈제철휴식〉 구독자들과 나의 아이디어에서 탄생한 게으름의 새 이름들이다. 자신이 좋아하는 게으름의 시간을 떠올리며 읽어보면 좋겠다.

딴생각 시간(by 보라):

마구잡이로 공상과 상상의 나래를 펼칠 수 있는 시간. 머릿속에 떠오르는 대로 마음껏 낙서를 해도 좋고 컬러 펜으로 자유롭게 색칠을 해도 좋음. 잘하려고 애쓰지 말 것.

엉망진창 탐색 시간(by 보라):

마음 가는 대로 이것저것 탐색하는 시간. SNS를 해도 좋고 평소 궁금했던 주제를 디깅해도 좋다. 이 책 저

책을 왔다 갔다 하며 읽어도 좋은 시간. 주변이 살짝 어질러져도 이해해주자.

흘려보내기 시간(by 보라):

바람이 많이 부는 날, 창문을 열어놓고 바람의 느낌과 소리에만 집중하는 시간. 바람과 함께 내 안에 있는 것들을 흘려보내는 상상을 해봄.

리부팅 시간(by 스텔라):

좋아하는 향이 나는 커피나 차를 연하게 내려서 가장 좋아하는 종이책을 쥐고 소파에 편안하게 눕는 시간. 책 몇 장을 읽다가 그대로 낮잠을 자도 좋음.

꿈틀 시간(by 전초월):

온몸을 이불로 돌돌 말고 바닥에 딱 붙어 꿈틀이처럼 꿈틀꿈틀대며 최소한으로 움직이고 멍때리는 시간. 몸은 따뜻하게, 공기는 적당히 시원하게 창문을 열어놓고 애벌레가 된 기분을 느낌. 뇌를 사용하는 일은 금물. 몸을 뒤집거나 노래를 흥얼거리는 애벌레 수준의 놀이만 함.

비타민 충전 시간(by 쥬디스):

아무 생각도 없이 가만히 누워 하늘에 떠다니는 구름을 바라보는 시간.

이렇게 시간에 이름을 붙여주면 자기만의 시각이 부여되기 때문에, 게으름은 의미 있는 시간이 된다.

좋은 휴식을 영위한다는 것은 결국 시간의 의미를 새롭게 발견하는 일이다. 이미 내게 있었던 시간을 어떤 방식으로 볼 것인가에 따라 게으름의 시간은 충전의 시간이 되기도 하고, 무용한 시간이 되기도 한다.

게으름은 나태의 표상이 아니다. 쉬어야 한다는 뇌의 강력한 신호이자 스스로를 보호하라는 몸의 절실한 신호다. 게으를 수 있다는 것은 나를 지키는 자기처방을 보유한 상태이며, 몸과 마음의 신호를 읽을 수 있는 또렷한 상태이다. 아무리 시간이 지나도 마음이 회복되지 않는다면, 지쳤다는 사실을 인정하지 않고 그 마음으로부터 도망치고 있는지 스스로를 살펴보자. 우리가 가장 게으르지 말아야 할 영역이 있다면 내가 얼마나 피곤한지를 알아주는 일일 것이다. 마음껏 게을러져도 괜찮은 시간을 다음으로 미루지 말자.

이번 주에는 꼭 나를 위한 잠깐의 틈을 확보할 수 있도록 나만의 '게으름 타이머'를 만들어보세요.

1. 게으름 생성 시간
이번 주에 게으름을 시도할 시간을 적어주세요.
이번 주 _____ 요일 _____ 시부터 _____ 시까지

2. 게으름의 새 이름
게으름에 나만의 이름을 붙여주고, 그 시간을 보내는 나의 모습을 상상해서 적어보세요.

지금 쉬는 것조차
버겁다면

종종 친구들에게 꽃다발을 선물 받는다. 보통은 꽃병에 꽂아두고 며칠 지나면 시든 꽃을 정리해서 버린다. 그런데 얼마 전, 말린 소국을 정리하려다 놀라운 장면을 목격했다. 마른 줄기에서 새하얀 뿌리가 돋아난 것이다. 믿기 어려웠지만 자세히 봐도 뿌리가 분명했다. 서둘러 다시 물에 담가주자, 줄기는 스스로 뿌리를 내리고 새잎을 틔우더니 결국 화분으로 옮겨가 새로운 꽃을 피웠다.

겉보기에 죽은 것 같았던 마른 줄기가 생명력을 되찾는 모습을 보며, 당장의 모습만으로 누군가의 가능성을 판단할 수 없음을 깨달았다. 지금 당장의 모습이 전부가 아니라는 것을, 누구에게나 다시 새로운 뿌리를 내릴 순

멈춤을 위한 휴식

간이 찾아온다는 것을.

　　내게도 마른 줄기의 시기가 종종 찾아온다. 그때는
모든 것이 버겁고, 재미없고, 무기력하다. 멋진 풍경도, 즐
거웠던 취미에도 마음이 움직이지 않는다. 질 높은 휴식
이나 충전을 시도할 힘조차 없다. 이런 시기에는 자극적
인 콘텐츠에 빠져들거나 필요 없는 물건을 충동적으로 구
매하기도 한다. 수시로 누워 시간을 흘려보내며, 벌여놓은
일들이 짐처럼 느껴진다. 내 안에서 돌아가는 모든 긍정
회로가 억지처럼 느껴지기도 한다. 그럴 때면 웅크린 채
시간을 보내는 방법밖에 없었다. 억지로 극복하려 할수록,
남아 있는 에너지마저 소진됐기 때문이다.

　　무기력한 시기가 오면 나는 그것을 부정하려 했다.
해야 할 일을 더 쌓아두거나, 새로운 자극으로 채우려 애
썼다. 하지만 그럴수록 남은 에너지는 더욱 고갈됐다. "그
래도 괜찮아 보여야 한다"라는 강박으로 사람들을 억지로
만나거나 새로운 프로젝트를 시작했지만, 결국엔 더 지쳐
버렸다.

　　변화는 내 상황을 인정하면서 시작됐다. 아무리 노력
해도 어쩔 수 없는 일이 있음을 받아들이는 과정이었다.

"지금은 숨 고르기 중"이라고 내 상태를 인정하기로 했다. 최소한으로 버티는 것만으로도 충분하다는 사실을 받아들였을 때, 다시 뿌리를 내릴 힘을 조금씩 되찾을 수 있었다.

　　속초의 영랑호 둘레길은 나에게 무기력의 시기를 떠올리게 한다. 30도가 훌쩍 넘는 뜨거운 여름날, 영랑호의 둘레길에 들어선 적이 있다. 둘레길은 출구가 하나밖에 없고 물을 살 수 있는 상점도 따로 없다. 그렇기 때문에 출구로 나가려면 목마름을 견디고 에너지를 아끼며 느리게 걷는 수밖에 없었다. 나무 그늘이 있거나 바람이 불면 그나마 조금 걸을 만했지만, 그늘 하나 없이 햇볕을 온몸으로 받으며 걸어야 하는 구간에서는 훨씬 더 힘이 들었다. 내가 할 수 있는 것은 다음 그늘을 만날 때까지 햇볕을 견디며 아주 천천히 걷는 일뿐이었다. 만약 좀 더 빨리 그늘로 가보겠다고 뛰었다면 도착해서도 시원함을 느끼기는커녕 땀을 뻘뻘 흘리며 바닥에 누워버렸을 것이다.
　　유독 에너지가 없는 시기가 오면 뙤약볕 아래 아주 천천히 걷고 있는 내 모습을 상상한다. 지금 이 구간에 들어왔음을 알고, 속도를 조절하며 스스로를 기다려주는 나

를 본다. 언젠가는 반드시 그늘과 벤치가 나타나고, 그러
다 보면 어느새 출구에 다다를 것을 알기 때문이다.

　　무기력한 시기를 견디는 데 가장 큰 힘이 되어준 것
은 대화였다. 누군가에게 내 상태를 솔직히 털어놓고 도
움을 요청하는 용기는 무기력을 무력하게 만든다. 힘든
시간이 지나고 나서야 내 상태를 고백하는 대신, 삐뚤삐
뚤한 그대로의 나를 사람들에게 들키는 과정이 나를 성장
하게 했다. 그 순간 고통은 더 이상 숨겨야 할 비밀이 아
니었다.
　　애써 많이 웃을 필요도, 괜찮아 보일 필요도 없는 하
루를 자주 보내는 것도 큰 도움이 됐다. 약속이나 해야 할
일을 없애고 내가 원하는 감각에 따라 하루를 보냈다. 잠
만 자거나 게임만 하거나 음식을 많이 먹어도 나를 비난
하지 않았다. 온전히 내 편이 되는 하루가 큰 버팀목이 되
어줬다.
　　울고 싶을 때는 참지 않고 울었다. 눈물이 다 마를 때
까지 기다리며 우는 나 자신을 그냥 바라보았다. 어떤 감
정들은 울고 나야 끝이 났고, 어떤 감정들은 울어도 해결
되지 않았다. 중요한 건 우는 나를 지켜보는 일, 다그치지

않고 버티며 기다려주는 일이었다.

여성학 연구자인 정희진 선생님의 팟캐스트를 듣다
가 마음에 콕 와닿는 문장을 만났다.

"지금의 고통은 지난날 누렸던 행복의 일부이다."
_영화 〈섀도우랜드〉, 1995

삶은 행복과 고통이 반복되는 과정이다. 지금의 무
기력함은 성장하기 위해 에너지를 썼던 결과일지도 모른
다. 지금의 고통은 다시 뿌리를 내리기 위한 준비 과정일
것이다. 내가 할 수 있는 일은 이 모든 과정을 기다려주는
것뿐이다.

무기력의 시기는 끝이 아니다. 나를 위해 멈췄던 시
간이 나를 자라게 한다. 끝나지 않을 것 같은 뙤약볕 아래
에서도 다시 찾아올 출구를 기다리는 나는 절망 속에서
사랑을 품는 존재다. 연약해서 아름다운 나를 사랑한다.

멈춤을 위한 휴식

매일 나의 에너지 상태를 점수와 간단한 메모로 기록하며 관찰 해보세요. 한 주 동안 기록한 데이터를 통해 내 에너지 흐름의 패턴을 발견하고, 스스로를 돌보는 데 도움을 얻어보세요.

Step 1. 오늘의 에너지 기록하기
매일 자기 전 하루의 에너지 상태를 1~10점으로 기록해보세요.
▷ 예) 1점: 오늘 하루가 너무 힘들었어요. / 10점: 오늘 하루가 정말 활기찼어요.

Step 2. 오늘의 키워드 작성하기
하루를 요약하는 키워드를 적어보세요. 구체적이지 않아도 좋아 요. 짧은 메모로 간단히 남겨보세요.
▷ 예) 업무는 많았지만 저녁 산책으로 회복, 중요한 발표 준비로 긴장, 동료와 대 화하면서 기분 전환 성공, 업무 실수로 자책과 스트레스

Step 3. 한 주의 에너지 흐름 확인하기
일주일이 끝난 후 기록을 보면서 어떤 날에 에너지가 높았고 낮 았는지 분석해보세요. 높은 점수를 기록한 날의 공통점을 찾아 보거나 낮은 점수의 원인을 살펴보세요.

요일	에너지 점수 (1~10)	오늘의 키워드
월요일		
화요일		
수요일		
목요일		
금요일		
토요일		
일요일		

멈춤을 위한 휴식

요즘의 나는
                잘 살고 있나요?

오랜만에 만난 친구가 "요즘 잘 지내?"라고 물으면 나는
머릿속이 조금 복잡해진다. 최대한 정확하게 답하고 싶은
데 정말로 잘 모를 때가 있다. '나 요즘 잘 지내나?', '정신
상태는 괜찮나?', '충분히 또렷하고 건강한가?'를 스스로에
게 물어보지만 정확한 답이 떠오르지 않는 경우가 많다.
특히 시간이 너무 빠르게 흘러가는 느낌이 들거나, 근심
에 사로잡혀 있을 때는 머릿속이 하얘진다. 나도 내 상태
를 잘 모를 때 자주 사용하는 방법이 몇 가지 있다.

직관에 맡기기

얼마 전 '나다움'에 관한 강의를 듣다가 흥미로운 체

험을 했다. 여러 개의 이미지 카드 중 앞으로의 나를 설명해주는 이미지 한 장을 고르라는 미션을 받았다. 내가 고른 것은 혁명가가 깃발을 들고 있는 카드였다. 잠깐, 혁명이라고? 다른 카드들도 많은데 왜 자꾸 이 카드에 시선이 묶이는지 스스로도 의아했다.

이유를 설명하는 차례가 되자, 머릿속에서 단서를 급히 찾아냈다. "저는 사람들에게 맞는 휴식 방법을 찾는 일에서 한 획을 긋고 싶어요. 휴식 혁명 같은 걸 만들어보고 싶거든요." 내가 한 말에 절로 웃음이 나왔다. 휴식 혁명이라니, 대체 어디서 나온 단어일까. 선생님의 설명을 듣고 나서야 그 이유를 이해할 수 있었다. 우리가 직관적으로 이미지를 고를 때는 우뇌가 작동하며 무의식에 잠재된 욕구를 찾아내고, 이후 좌뇌가 그 이유를 언어로 설명한다는 것이다.

만약 이미지 카드 대신 '혁명'이라는 글자가 적힌 카드가 놓여 있었다면 그 단어가 주는 강렬하고 도전적인 인상 때문에 선뜻 고르지 못했을 것이다.

이렇게 직관은 말로 표현하기 어려운 감정이나 상태를 알아차리는 데 도움이 된다. 특히 시각적 이미지로 마

멈춤을 위한 휴식

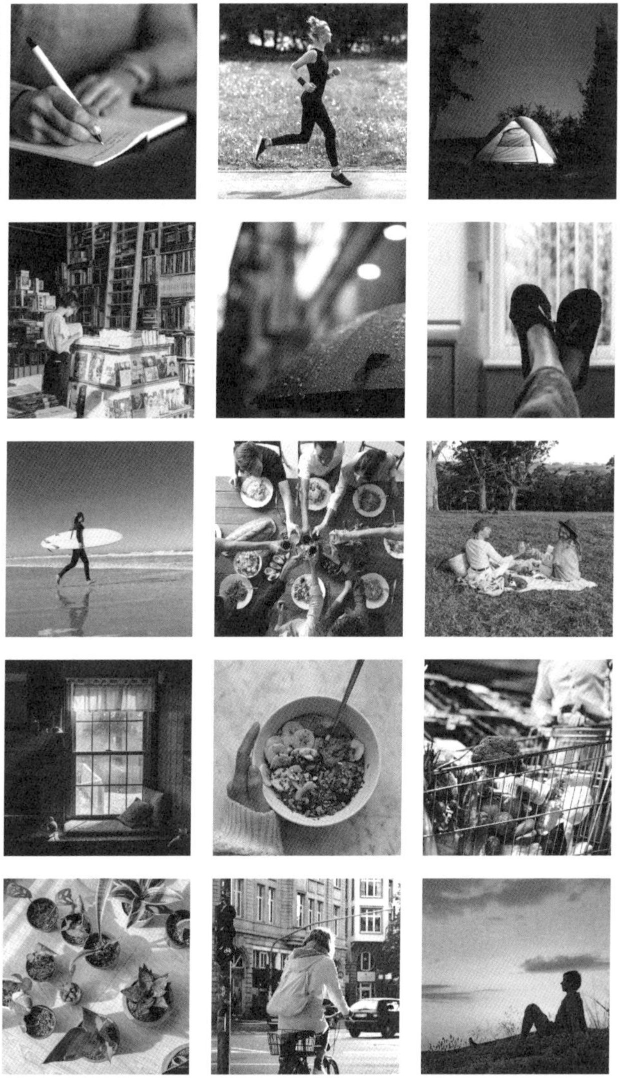

© 휴식 수집가 보드게임

주하면 잠재된 욕구를 알아차리기가 용이하다. 예를 들어, 여러 이미지 중 대자연 속에 완전히 혼자 있는 사진에 끌린다면 현재 내게 평화로운 휴식이 필요한 상태일 수 있다. 반면에 활기찬 도시 풍경을 선택했다면 지금보다 역동적인 일상을 갈망하고 있을지도 모른다.

앞쪽 이미지 카드 중 직관적으로 끌리는 카드를 하나 골라보자. 오래 고민하거나 생각하지 말고 분위기가 좋거나 마음에 드는 요소가 하나라도 있으면 그대로 직관에 맡겨 고르는 게 좋다.

이제 그 카드가 왜 마음에 들었는지 설명해보자. 내가 고른 이유와 단서를 거꾸로 되짚어가며 언어로 풀어보는 것이다.

낮잠을 자는 카드를 골랐다면 현재 육체적으로 너무 피곤하기 때문일 수도 있고, 요즘 밤에 잠을 잘 자지 못하는 탓일 수도 있다. 노트에 무언가를 적는 카드를 골랐다면 해야 할 일은 많은데 정리가 안 되는 상황이거나, 짧게라도 글쓰기를 해보고 싶은데 시작을 어려워하고 있기 때문일 수 있다. 신기하게도 무의식적으로 고른 카드가 내 상태를 꽤 정확히 드러낼 때가 많다. 여기서부터 출발해 나에게 필요한 일과 휴식 시간을 설계해보는 것도 도움이 된다.

차분히 감정 회고하기

내가 특히 애용하는 방법은 감정 회고다. 한 달 동안 있었던 일들을 가만히 떠올려보고 그 안에 담긴 감정과 키워드를 정리한다. 올해부터 나는 월 단위 감정 회고를 꾸준히 하기 시작했다. 간단히 아래 3단계로 진행한다.

▪ 장면 단위로 떠올리기: 한 달 동안 기억에 남는 순간을 떠올리고, 긍정적인 에너지를 받았던 일(+)과 에너지가 소진된 일(-)로 구분한다.

▪ 가장 좋았던 일과 아쉬웠던 일 정리하기: 키워드를 참고해 나에게 가장 좋았던 일과 아쉬웠던 일을 나열해본다. 이때 내가 느낀 감정에 집중해 기록하는 것이 도움이 된다. 이를 토대로 앞으로 시도해보고 싶은 일을 적는다.

▪ 나에게 쓰는 편지: 나에게 칭찬 편지를 작성하며 한 달 동안의 여정을 정리한다. "수고했다", "잘 버텨냈다" 라는 말은 내 마음을 다독이는 데 큰 힘이 된다.

이 과정은 단순히 지나간 일을 기록하는 것을 넘어, 내게 중요한 가치를 발견하게 해준다. 별생각 없이 했던 한강 산책이 한 달 중 가장 즐거운 시간으로 떠오르기도 하고, 프로젝트의 힘든 점을 차분히 돌아보며 나만의 해결책을 정리할 수도 있다. 무엇이 나를 행복하게 하고, 힘들게 하는지를 명확히 알게 된다. 기록을 정리하는 과정에서 나와의 내밀한 대화도 시작할 수 있다. 괜찮은 척하고 넘어갔던 일이 사실은 괜찮지 않았거나, 너무 사소해서 흘려보냈던 순간이 내게 굉장히 중요했음을 발견한다.

무엇보다 자신을 쉽게 인정해주지 않는 나에게 확실한 칭찬을 보낼 계기를 마련할 수 있어 좋다. 수고했다고, 이번 한 달도 잘 살아냈다고 머리가 아닌 마음으로 다독일 때 우리는 앞으로 나아갈 새로운 에너지를 얻을 수 있다.

친구들과 함께 회고하기

혼자 하는 회고가 어렵다면 친구들과 함께 해보는 것도 추천한다. 친구들과 각자 한 달 동안 좋았던 일, 힘들었던 일을 나누다 보면 혼자일 때는 보이지 않았던 새로운 시각을 얻을 수 있다. 다른 사람들과 감정을 나누는 일은 사사로운 즐거움과 뿌듯함, 노고와 고민들을 객관적으로 바라보는 계기가 되기도 한다. 친구들의 이야기를 들으며 삶의 다양성을 배우기도 하고, 타인을 더 잘 이해하게 되는 점도 좋다.

 잘 살고 있다는 감각은 주관적이어서 기준을 세우는 게 어렵다. 누구나 인생의 좋은 시기와 힘든 시기를 번갈아 맞이하게 되는데, 그보다 더 중요한 건 삶의 어떤 시기든 나를 놓치지 않는 감각이다. 지금 내가 어떤 상태인지 계속 묻고, 나를 외면하거나 포기하지 않는 일. 느리더라도 자신을 지키며 천천히 나아간다면 그게 잘 사는 것 아닐까. 그러니 스스로에게 물어보자. 요즘 나는 잘 살고 있는지. 답하기 어렵다면 작은 시도를 해보자. 완벽하지 않아도 좋다. '어떤 장면에 끌려?', '지난 한 달간 뭐가 가장 기억에 남아?'와 같은 질문을 품는 것만으로 좋은 시작이다. 그렇게 천천히 나아가다 보면 잘 지내냐는 질문에 눈동자를 너무 많이 굴리지 않고 담담하게 대답할 수 있을 것이다.

1. 지난 한 달 동안 있었던 일을 떠올리며 키워드로 적어보세요.
   에너지를 받았던 일(+)에는 동그라미를, 에너지가 소진됐거나
   힘들었던 일(-)에는 체크 표시를 해보세요.

▷ 예) 꾸준한 저녁 산책, 장염으로 고생, 새로운 북클럽 참여, 프로젝트 리포트 작
성, 원고 작성, 달리기 시작, 좋아하는 영화 2번 시청

2. 스스로를 칭찬하고 싶은 일 하나를 뽑고, 그 이유를 구체적으
   로 적어보세요.
   ▫ 칭찬하고 싶은 일:

   ▫ 나를 칭찬하는 이유 :

---

3. 가장 힘들거나 아쉬웠던 일 하나를 골라보세요. 다음번에 비슷한 일이 생겼을 때 나를 어떻게 돕고 싶은지를 함께 적어보세요.

▫ 가장 아쉬웠던 일:

- -

- -

▫ 나를 도울 방법:

- -

- -

4. 내가 적은 기록을 쭉 살펴보면서, 앞으로 나를 위해 시도하고 싶은 일 한 가지를 적어보세요. 그 시도를 언제 하고 싶은지도 함께 기록해보세요.

▫ 새롭게 시도하고 싶은 일:

- -

- -

▫ 시도하고 싶은 날짜: - - - - - - - 년 - - - - - 월 - - - - - 일

불안의 반대말은 감사

어느 날, 성공한 예능인 A의 인터뷰를 우연히 보게 됐다. 일을 처음 시작했을 때의 어려움을 이야기하다가 좋은 기회를 만나 승승장구하게 된 사연을 듣는데 갑자기 맥이 탁 풀렸다. '나에게 좋은 기회란 무엇일까? 그런 기회가 오기나 할까? 내 운이 여기까지라면?' 하는 불안이 한꺼번에 밀려왔다.

그런 시기가 있다. 좌절 끝에 이룬 성공담이 내게 무한한 용기로 다가오는 때가 있고, 반대로 무한한 절망으로 느껴지는 때가 있다. 특히 자신에 대한 확신이 흔들릴 때 그렇다. 불안은 다른 감정보다 장악력이 강해서, 무엇을 하든 흔들리는 배 위에서 세상을 보는 것 같은 느낌이

든다. 불안의 배를 탔을 때 내게 나타나는 몇 가지 패턴이
있다.

첫 번째, 스마트폰을 과도하게 확인한다. 방금 올린
게시물의 반응을 집요하게 체크하거나 5분 전 확인했던
메일함을 또 열어본다. 처음에는 이 패턴조차 잘 감지되
지 않는다. 그러다 문득 이 앱에서 저 앱으로 물 흐르듯
오가는 나를 발견한다.

두 번째, 일을 지나치게 열심히 한다. 불안이 들어올
틈이 없도록 더 많은 업무로 스스로를 정신없게 만든다.
이 일에서 저 일로 넘어 다니는 모습은 이 앱에서 저 앱으
로 오고 가는 것과 다르지 않다.

세 번째, 타인의 인정에 예민해진다. 작은 칭찬에 크
게 마음이 동하고, 부정적 피드백에 쉽게 무너진다. 외부
자극에 지나치게 민감해진다. 이 과정에서 정말 필요한 질
문은 사라지고, 피상적인 피드백에만 귀를 기울이게 된다.

네 번째, 소비와 식사 패턴이 흔들린다. 끊임없이 무
언가를 사고 싶어지고 식사를 마치고도 계속 허기를 느낀
다. 혹은 반대로 식사를 대충 때우거나 거르는 일이 반복
된다.

이런 상태에서는 잘 쉬는 것이 어렵다. 틈만 나면 새

로운 자극으로 자신을 채우려고 한다. 그러다 보면 결국 과부하가 걸려 무기력의 역풍을 맞는다.

미국의 심리학자 로버트 L. 리히는 "불안은 우리의 보호시스템이 과잉 작동하는 상태"라고 말했다. 불안이 찾아올 때마다 싸워 이겨낼 대상으로 생각했던 이유도 이 때문일 것이다. 그러나 불안과 싸우지 않는 방식도 있다.

배우 김우빈이 14년 넘게 매일 감사일기를 써왔다는 이야기를 한 예능 프로그램에서 접했다. 그는 자기 전 감사한 일을 5개씩 적는다고 했다. 처음에는 새로운 일이 성사됐을 때나 극적인 사건을 위주로 썼는데, 점차 일상의 작은 순간들을 발견하기 시작했다고 한다. 하루에 하늘을 2번 올려다본 일, 세 끼를 다 챙겨 먹은 일처럼 평범하지만 의미 있는 순간들을 기록하고 있다고. 가장 인상적이었던 건 그가 마지막에 한 말이었다.

"요즘에는 목표를 정하지 않아요. 대신 지금 이 순간에 집중하려고 해요. 오늘보다 더 잘 살 자신은 없다는 생각으로 하루를 보내고 있어요."

불안은 감사를 잃었을 때 나타나는 신호다. 지금 내

가 가진 것을 당연하다고 여기거나 더 많이 가져야 한다는 강박에 사로잡힐 때 불안은 고개를 든다. 오늘 마신 물, 가족과 나눈 대화, 돌아와 누울 수 있는 집, 언제든 고개를 들면 볼 수 있는 하늘이 너무나 당연해서 자꾸만 나보다 앞서 있는 것들에만 집중할 때 불안을 느꼈다.

며칠 전 새 노트를 꺼냈다. 머릿속으로만 감사를 떠올리는 대신 눈에 보이는 기록으로 남기고 싶었다. 하루에 한 가지씩 감사한 순간을 적기로 했다. 엉망이라고 느낀 하루에도 기분 좋았던 5분은 있었다. 그저 그렇다고 생각한 하루에도 마음이 충만해진 5분은 있었다. 조용히 하루를 되짚어 보면서 내 시간을 관찰하는 감각이 새로웠다. 불안에 맞서 나를 혹사하는 대신 지금 가진 것들에 집중하니 삶의 좋은 면들이 보이기 시작했다.

이 습관은 휴식에도 많은 영향을 주었다. 하루에 하나라도 내가 기뻐할 만한 틈을 만들고 싶다는 마음이 생겼다. 잠깐이라도 온전히 쉬어가려고 노력했다. 식물에 물을 주며 사랑을 느끼고, 아침에 마시는 커피 한 잔으로 충만함을 느끼고, 밀린 빨래를 하면서 개운함을 느끼고, 하루 종일 누워 드라마를 보며 안도감을 느끼는 내가 모두 소중해졌다. 이런 작은 시간들이 모여 내 삶을 지탱하고 있었다.

몇 해 전 친구이자 멘토인 영윤 언니가 해준 말이 떠오른다. "불안의 반대말은 감사야." 내가 불안을 느끼고 방황할 때 언니는 나에게 처음 제대로 된 감사의 의미를 알려줬다. 이 말의 의미를 이제야 알 것 같다. 불안의 반대는 안정이 아니었다. 불안한 나를 어떻게든 안정적인 상태로 되돌려 놓겠다고 다짐했을 때 오히려 더 괴로워졌다. 가장 낮은 자리에서 겸손하게 내가 가진 것들을 보기 시작하면서 많은 게 달라졌다. 불안은 서서히 멀어졌다.

불청객처럼 불안이 다시 찾아올 것을 안다. 그럴 때마다 불안을 감사로 맞이하기로 했다. '요즘 내가 감사를 잊었구나'라고 생각하며, 당연하게 여기던 숨을 다시 한 번 크게 쉬어볼 것이다. 오늘보다 더 잘 살 자신이 없다는 마음으로 보낸 하루하루가 쌓인다면, 그보다 더 건강한 삶은 없을 테니까.

감사일기를 시작하는 법

1. 준비

노트와 펜을 준비한다. 잠들기 전 편안한 상태에서 기록하는 것을 추천한다. 스마트폰은 되도록 멀리한다. 좋아하는 음악과 함께하는 것도 괜찮은 방법이다.

2. 기록

하루를 파노라마처럼 재생해본다. 디지털 기록에 의존하지 않고 천천히 기억을 더듬어본다. 이것만으로도 한 가지 일에 몰두하며 차분해지는 효과가 있다. 좋았던 순간 하나를 골라 간단히 기록으로 남긴다. 한두 줄로 적어도 좋고 한 컷의 그림으로 남겨도 좋다.

3. 다시 보기

기록이 쌓이면 감사일기를 다시 한번 쭉 살펴본다. 나를 기쁘고 충만하게 만드는 것이 무엇인지를 알게 되면 일상에서 그런 순간을 더 자주 만들고 싶어진다.

감사는 불안을 밀어내는 가장 조용한 힘이다. 불안한 마음이 들 때 감사일기의 페이지를 넘기며 오늘 하루를 새롭게 열어보자.

202X.XX.XX.

계속 미뤄두었던 베개와 이불 빨래로 주말을 시작했다. 남편에게 베란다가 지저분해서 스트레스 받는다고 이야기했는데 정말 깨끗하게 청소해줘서 고마웠다. 하루 종일 비가 왔지만 우리 집은 보송보송. 집을 깨끗하게 만든다는 건, 일상이 흔들리지 않도록 꼭 붙잡는 일 같다. 오늘은 보송한 침구에서 더 좋은 잠을 잘 수 있을 듯하다.

202X.XX.XX.

자기 전, 다리 순환을 위한 여러 가지 노력을 한다. 그중에서도 압박 스타킹 신는 것을 무척 좋아한다. 스타킹을 신고 있으면 혈액순환이 저절로 되면서 온종일 다리에 몰렸던 피로가 사라진다. 그리고 몸이 풀리면서 노곤노곤 잠이 오기 시작한다. 하루 중 내가 제일 좋아하는 시간!

"휴식에 대한
강박이 생긴 것 같아요"

구독자 O님의 편지

휴식에 대한 강박이 생긴 것 같아요. 요즘 안 쉬는 것, 못 쉬는 것 자체로 스트레스를 받고 있는 저를 발견해요.

휴식에도 때로
단호함이 필요해요

한 인터뷰에서 "좋은 휴식이란 무엇일까요?"라는 질문을 받은 적이 있어요. 휴식을 좋고 나쁨의 경계로 나누긴 어렵지만, 대체로 잘 쉬었다는 느낌이 든 순간의 공통점을 떠올려보면 스스로 대접받고 있다고 여겨질 때였어요. 나를 잘 챙겨주고 있다는 느낌, 관심을 주고 있다는 느낌을 받으면 사소한 일에도 기분이 좋아지거든요. 그래서 "잘 쉰다는 건 나에게 잘 대해주는 일이에요"라고 답했어요.

　하지만 잘 쉬어야 한다는 것을 머리로는 알면서도 실천하기는 어려울 때가 많죠. "진정한 휴식은 단순한 무위無爲가 아닌 적극적인 자기 돌봄의 과정"이라는 말이 있어요. 잘 쉬는 데에는 생각보다 많은 에너지가 요구돼요. 세심한 관찰과 알맞은 반응이 필요한 일이니까요. 좋은 휴식에는 물리적 에너지가 필요하고, 그날의 에너지 양에 따라 휴식의 모습이 달라질 수밖에 없어요. 온 에너지를 다 쓰고 돌아온 날에는 그냥 누워만 있는 게 전부인 반면, 푹 자고 일어난 휴일에는 그동안 미뤄왔던 일을 할 여유가 생기는 것처럼요.

'지금 잘 쉬어야 하는데 뭐 하고 있는 거지?'라는 생각에 스트레스를 받고 있다면, 아마 휴식할 에너지조차 바닥난 상태일 거예요. 이럴 땐 몸이 원하는 휴식과 머리가 그리는 이상적인 휴식의 간극에서 오는 불만족이 문제를 키우게 돼요.

저 역시 배터리가 거의 소진된 채로 저녁 시간을 맞이할 때가 있어요. 그럴 때는 두 손 두 발을 다 들고 그냥 항복해요. '오늘은 이렇게밖에 못 쉬는구나'라고요. 그래도 약간의 에너지가 남았다면 작은 방법들을 활용해볼 수 있어요. 이런 방식으로 하루를 마무리해보세요.

- 자기 전에 '오늘 하루도 참 수고했어'라고 스스로에게 말해주기
- 목이 마른 나에게 따뜻한 물 한 잔 챙겨주기

- 눈이 뻐근하다면 30초간 눈 감고 쉬게 해주기
- 내일 아침에 먹을 영양제를 미리 준비해두기

저녁 시간을 통째로 바꾸는 대신 하루 동안 고군분투한 내게 작은 응원을 보내는 거죠. 동시에 에너지가 회복됐을 때 시도하고 싶은 휴식의 장면들을 아래와 같이 구체적으로 상상해보는 일도 도움이 돼요. 최근에 마음이 편했던 순간들을 떠올리고 짧게 기록해도 좋아요. 잘 기억해뒀다가 휴일에 시도하겠다고 다짐하는 것만으로도 충분해요.

- 휴일 오전, 창문을 활짝 열어놓고 청소하는 시간
- 잠들기 전 스트레칭을 하고 음악을 들으며 일기를 쓰는 시간
- 좋아하는 골목길을 여유롭게 걸으며 시원한 바람을 맞는 시간
- 호밀빵에 채소와 햄, 치즈를 듬뿍 넣은 샌드위치를 만들어 먹는 시간

이런 장면들은 구체적일수록 좋아요. 여기에 한 가

지 더, 계획한 쉼이 무작정 미뤄지지 않도록 약간의 '단호함'을 발휘할 필요가 있어요. 머릿속으로 계획만 하는 건 당장의 기분 전환에는 도움이 되지만, 실질적인 회복으로 이어지진 않거든요. 한 달에 한 번이라도 단호하게 '휴식의 날'을 만들겠다는 결단이 필요해요.

요즘 날씨가 추워지면서 부쩍 걷는 시간이 줄어들었어요. 편의점이나 지하철역에 가는 것처럼 목적이 있어서 걷는 경우는 있지만, 온전히 산책을 위한 산책을 하는 시간이 많이 사라졌죠. 그런데 어제저녁에는 귀찮아하는 나를 일으켜 아주 길고 느린 동네 산책을 했어요. 목적지 없이 그때그때 가고 싶은 골목을 골라 걸었는데 기분이 좋았어요. 일상에서 걷는 시간이 부족해질 때마다 새로운 공기를 주입하듯 '밥 먹고 산책!'을 주문처럼 외우며 시도하고 있어요.

더 큰 단호함을 발휘해야 하는 시간도 있어요. 한 달에 한두 번 우리 집에서 보드게임 모임을 여는데요. 일정이 바쁜 달에는 '이번에는 그냥 넘어갈까?' 하는 유혹이 밀려와요. 보드게임은 즐겁지만, 친구들을 초대하려면 집 청소도 해야 하고 하루를 통으로 비워둬야 하니까요. 한마디로 에너지가 무척 많이 드는 휴식이죠. 그런데도 저는 이 시간을 지키려고 단호해져요. '삶에 이런 낭만 하나쯤은 남겨두자'라는 마음으로 이 놀이의 시간을 사수하는 중이에요.

누구나 매일 완벽하게 쉴 순 없어요. 어떤 날은 몸에 좋지 않다는 것을 알면서도 자극적인 음식을 찾기도 하고, 또 어떤 날은 쉬고 나서 오히려 더 피곤해질 때도 있죠. 그럴 땐 쉼에 대한 완벽주의를 내려놓아야 해요. '잘 못 쉬는 날도 있지' 하며 가볍게 넘기는 태도가 필요해요. 그리고 내게 베풀 수 있는 아주 작은 친절부터 시작해보세요. 평소보다 에너지가 모였다면 더 큰 단호함으로 나를 위한 쉼을 시도해보세요. 하루를 통째로 비워서 못 가봤던 동네를 탐방하거나, 과감하게 긴 휴가를 계획해도 좋아요. 이 모든 과정이 나를 잘 대해주기 위함이라는 사실을 잊지 않는다면 좋은 휴식은 언제든 기꺼이 나를 도울 거예요.

우리는 종종 휴식을 선물처럼 생각해요. 여유가 생기면, 시간이 나면, 모든 일이 끝나면 그때 쉬겠다고 생각하죠. 하지만 휴식에도 계획이 필요해요. 쉼이 필요한 순간 용기와 단호함을 가지고 나를 아끼는 시간을 만들어보세요.

먼저 캘린더를 열어 한 달간 업무와 약속, 해야 할 일들을 살펴보세요. 하고 싶은 일보다 해야 할 일들로 빼곡하다면 휴식 시간을 의도적으로 계획할 때입니다. 아래 질문들에 떠오르는 대로 답을 적어가며 나만의 쉼 캘린더를 만들어보세요.

1. 나의 휴식 현황 살펴보기

▫ 이번 달 일정 중 온전히 나를 위한 시간은 며칠인가요?

▫ 그 시간들은 정말 '쉼'이 될 수 있는 활동으로 채워져 있나요?

▫ 피로가 쌓이기 전에 미리 계획된 휴식이 있나요?

----

2. 하루를 마무리하며 질문해보기

▫ 잠들기 전 나를 위로하고 싶은 작은 행동들은 무엇인가요?

▫ 편안한 마음으로 잠들기 위한 나만의 루틴은 무엇인가요?

▫ 하루의 마지막 15분을 어떻게 보내고 싶으신가요?

----

3. 단호히 휴식 선언하기

▫ 한 달에 한 번, 온전히 나를 위해 비워두고 싶은 하루는 언제
인가요?

▫ 그날 하고 싶은, 나를 위한 특별한 활동은 무엇인가요?

▫ 이 시간을 지키기 위해 어떤 다짐이 필요할까요?

5장

도약을 위한 휴식

나를 더 성장시키기 위한 쉼

유능감을 느끼게 하는
루틴 만들기

최근에 새롭게 시작한 루틴이 있다. 일정한 시간에 잠들고 깨는 '아침 루틴'과 '저녁 루틴'이다. 프리랜서로 일하며 자고 싶을 때 자고, 일어나고 싶을 때 일어나는 자유로운 패턴을 오래 유지했다. 초기에는 이 자유로움이 주는 쾌감이 좋았다. 하지만 시간이 흐르면서 기본적인 삶의 구조가 무너진 듯한 기분이 들었다. 새로운 삶의 구획이 필요했다.

저녁 루틴은 밤 11시에 시작해 자정에 잠들기를 목표로 하고, 아침 루틴은 오전 7시 반에 일어나기를 목표로 한다. 시간을 칼같이 지키는 데 방점을 두지는 않는다. 나에게 루틴은 하루의 시작과 끝을 스스로 정해 큰 테두리를 만드는 개념에 가깝기 때문이다. 테두리가 생기면 전체의 윤곽이 보이고, 그 안에서 내가 할 수 있는 일들을 해나갈 때 안정적인 자유가 느껴진다.

밤 11시가 되면 스마트폰 알람이 울리고 숙면을 위한 준비가 시작된다. 알람 소리는 요란하지 않고 차분한 음으로 신중히 골랐다. 몸을 씻고, 집 안의 조도를 어둡게 낮춘다. 가벼운 스트레칭을 하기도 한다. 몸이 노곤해지기를 기다리며 좋아하는 드라마를 보는 날도 있다.

아침 7시 반, 기상 알람이 울리면 서서히 몸을 깨운다. 이를 닦고 유산균을 먹고, 식물들의 상태를 살핀다. 식물들을 관찰하는 동안 자연스레 잠에서 깬다. 루틴을 지키는 동안엔 스마트폰을 멀리한다. 커피를 내리는 시간은 아침 중 제일 좋아하는 순간이다. 상황과 컨디션에 따라 이 모든 걸 하기도, 한두 가지만 하기도 한다.

이 루틴들은 여러 번의 실험을 통해 내게 맞게 다듬어진 리듬이다. 남들이 좋다고 하는 방식을 그대로 따라 하는 대신 내가 좋아하고 내게 잘 작동하는 일들을 하나씩 만들어갔다. 신기한 건 루틴을 지켰을 때의 성취감이다. 마치 중요한 일을 해냈을 때처럼 스스로가 대견하다. 일상의 작은 규칙을 소중히 여기고 지키는 내게 고마운

도약을 위한 휴식

마음이 든다. 이 자부심의 또 다른 이름이 바로 '유능감'이다.

　　뇌과학자인 장동선 박사는 인간이 자율성, 유능성, 연결성이 만족될 때 행복해질 확률이 높다고 말한다. 이는 자기결정이론 Self-Determination Theory, SDT에서 비롯된 개념으로 이 3가지 조건이 충족될 때 삶을 주도적으로 만들고 있다는 감각이 채워지고, 삶의 만족도도 올라간다고 설명한다.

　　인간이 행복을 느끼는 3가지 조건

　　▪ 자율성: 내 행동을 스스로 선택하고 통제할 수 있는 능력
　　▪ 유능성: 특정 과업을 효과적으로 수행하고 유능하게 행동할 수 있는 능력
　　▪ 연결성: 타인과 긍정적이고 의미 있는 관계를 맺을 수 있는 능력

　　아침 루틴과 저녁 루틴을 계획하고 지켰을 때 특정 과업을 잘 수행했다는 감각 덕분에 '유능성'이 충족되었고, 그 루틴을 설계한 사람이 나였으니 '자율성'도 만족시

켰을 것이다. 그리고 이 만족감은 나를 행복하게 만드는 활동을 더 많이 하고 싶게 만들었다. 루틴과 자율성은 반대 개념처럼 보이지만, 루틴 안에서 자유를 느끼고 이를 통해 행복할 수 있다는 것은 예상 밖의 발견이었다. 무한한 자유보다 경계 있는 자유가 더 단단하게 느껴졌다.

우리는 일하면서 종종 통제권을 잃는다. 누가 시켜서, 해야 해서 어쩔 수 없이 수행하는 일들도 많기 때문이다. 반면, 휴식은 시간의 통제권을 가질 수 있는 좋은 기회다. 친구를 만나거나, 누워 있거나, 맛있는 음식을 먹는 것 모두 내 선택이다. 내가 설계한 대로 시간은 나를 따라온다.

쉬는 동안 기분이 좋아지거나 마음이 편안해진다면 그 시간이 어떤 감각을 만족시키고 있는지 기록해보자. 나 역시 내 삶의 시간을 되돌아보며 느낀 감각들을 분류해보았다.

- 좋아하는 음악을 함께 듣기 → 자율성, 연결성
- 김밥을 한 줄 사서 공원에서 먹기 → 자율성
- 집을 깨끗하게 정돈하기 → 유능성
- 동네 미용실에 있는 고양이와 놀기 → 연결성

- 좋아하는 친구에게 고민 털어놓기 → 연결성
- 자기 전에 미리 설거지를 해놓고 아침에 뿌듯해하기 → 유능성
- 가족과 스포츠 경기 관람하기 → 자율성, 연결성
- 어려운 심리학 책을 읽고 친구들과 토론하기 → 유능성, 연결성
- 창의적인 소재로 글 쓰기 → 유능성

적다 보니 생각보다 많은 순간이 떠올랐다. 각각의 시간이 다른 방식으로 행복을 지탱하고 있었다. 유독 사회적 지지나 응원이 필요한 시기에는 남편과 더 자주 산책했고, 더 솔직한 대화를 나눴다. 유독 일에서 성취감을 느끼기 어려운 시기에는 일상에서 실천할 수 있는 작은 루틴을 더 많이 만들어 유능감을 채웠다. 한쪽에서 채우기 어려운 감각을 다른 쪽에서 채우려고 했던 나를 돌아보면서 본능적으로 행복의 균형을 찾아가려는 시도들이 애틋하게 느껴졌다. 기분 좋은 시간을 보내고 있을 때 한 번씩 이 분류를 떠올리게 될 것 같다. 지금 어떤 감각을 만족시키고 있는지, 요즘은 어떤 감각이 필요했는지 따라가다 보면 행복에 대한 더 많은 단서를 찾을 수 있으리라

는 믿음이 생겼다.

삶의 균형을 찾아가는 과정에서 루틴이 꼭 필요한 시기가 있다. 무한한 자유 속에서 길을 잃은 것 같을 때 작은 테두리를 그리며 시작해보자. 어떤 때는 그 테두리 안에서 자율성을 발견하고, 또 어떤 때는 테두리 밖에서 새로운 자유를 찾을 수 있다. 루틴이 잘 지켜지는 시기와 그렇지 않은 시기는 이렇게 반복된다.

중요한 건 필요할 때 다시 시작할 수 있다는 믿음이다. 자율성, 유능성, 연결성이라는 3가지 조건이 균형을 이룰 때 우리는 더 나은 휴식을 만날 수 있다. 그리고 그 휴식은 다시 삶의 원동력이 된다. 내 삶의 주도권을 갖는 일은 이런 순환을 이해하고, 지금 이 순간 내게 필요한 것을 선택할 수 있는 용기에서 시작된다.

도약을 위한 휴식

우리의 쉬는 시간은 단순히 에너지를 회복하는 것 이상의 가치를 지닙니다. 자율성, 유능성, 연결성의 3가지 심리적 욕구가 균형 있게 충족될 때, 휴식은 더 큰 행복과 성장으로 이어집니다. 자신의 휴식 시간을 돌아보며 각 영역에 해당하는 활동들을 기록해보세요.

1. 휴식 시간 기록하기
하루 또는 일주일 동안 자신이 좋아하는 휴식 시간을 떠올려 적어보세요. 다음 페이지에 나오는 예시를 참고해 이 시간이 행복의 조건과 어떻게 연결되는지 느낀 점과 함께 기록해보세요.

2. 감각의 균형 점검하기
자신이 기록한 활동들을 돌아보며 자율성, 유능성, 연결성 중 어느 부분이 부족하거나 넘치는지 점검해보세요. 필요하다면 균형을 맞출 수 있는 새로운 활동을 추가로 계획해보세요.

활동	연결된 감각	느낀 점
혼자 노을 보며 멍때리기	자율성	평화롭고 자유로운 느낌이 들었다.
아침에 커피 내리기	자율성	나만의 시간을 가지며 하루를 시작했다.
새로운 요리 레시피 도전	유능성	성취감을 느꼈고 결과물에 만족했다.

도약을 위한 휴식

'감정 전염'이라는 개념이 있다. '감정 전염Emotional Conta-gion'이란 타인의 감정 상태나 행동을 무의식적으로 모방하고 동기화하는 현상을 의미한다. 미국 하와이대학의 일레인 햇필드 연구진은 1993년 발표한 논문에서 "감정 전염은 타인의 표정, 발성, 자세, 움직임을 자동적으로 흉내내고 동조화하는 경향"이라고 정의했다. 이는 단순한 모방을 넘어 실제 감정의 공유로 이어진다. 감정 전염은 인간이 사회적 유대감을 형성하고 유지하기 위해 체화한 자연스러운 매커니즘이라고 할 수 있다.

　　나는 주변 환경의 영향을 깊이 받는 편이다. 상대방의 표정이나 기분 변화에 민감하게 반응하며, 그에 따라

내 정서 상태가 바뀌는 것을 자주 경험한다. 사람뿐만 아니라 어느 장소에 있고, 어떤 콘텐츠를 보고, 어떤 대화를 나누고, 어떤 음식을 먹느냐에도 세심하게 영향을 받는 편이다. 아침에 일어나자마자 우연히 본 콘텐츠가 '지금 하지 않으면 큰일 나는 것들'과 같이 불안을 조장하는 내용이었다면, 그런데 마침 기분이 무거운 상태였다면, 다시 에너지를 끌어올려 내 페이스대로 나아가는 데 많은 시간이 걸린다.

그래서 의도적으로 긍정적인 감정 전염을 받을 수 있는 요소들을 주변 환경에 배치하려고 노력한다. 이는 깊은 휴식과도 긴밀하게 연결된다. 감정 전염을 통해 내가 좋아하는 감각과 더 밀도 있게 이어질 수 있기 때문이다. 내가 좋아하는 장소, 사람, 감각, 정서, 활동 등 다양한 영역에서 나만의 세계를 구축할 수 있다면 우리는 새로운 방식의 쉼들을 시도해볼 수 있을 것이다. 감정 전염의 환경을 만들어가면서 발견한 몇 가지 장면들을 소개한다.

1. 시각적 전염: 매일 자연을 만날 수 없다면

하늘을 가릴 만큼 울창한 숲이나 압도적인 크기의 산을 마주하면 내 존재와 고민들은 한없이 작아진다. 도심

속에서 이런 풍경을 매일 만나기란 쉽지 않다. 식물을 가꾸기 시작한 건 작은 자연의 세계를 곁에 두고 싶어서였다. 처음에는 한두 개의 화분에서 시작해서 이제는 20여 개로 늘어나 작은 정원이 만들어졌다.

아침에 일어나자마자 베란다 창문을 열어 환기하고, 식물들의 상태를 확인한다. 건조하거나 습하지 않은지, 새 잎은 잘 나고 있는지, 통풍은 적당한지를 확인하면서 식물과 교감한다. 식물 덕분에 집의 풍경이 바뀌고, 집에 머무는 내 시간의 풍경이 조금씩 바뀌어 간다. 무생물로 가득 찬 일상에서 식물은 조용히 자신만의 속도로 성장하며 우직함과 경이로움을 보여준다. 그 과정에서 나도 잠시 숨을 고르고 일상의 리듬을 회복한다.

2. 후각적 전염: 향이 내 기분을 북돋아준다면

후각은 감정과 가장 빠르게 연결되는 감각이다. 내 책상 위에는 늘 4가지 향 제품이 자리 잡고 있다. 첫 번째는 아로마티카의 명상 시리즈 디퓨저이다. 워케이션 숙소 '소도읍 남해'에 갔다가 공간마다 마음을 편하게 만들어주는 향이 있어서 찾아봤는데 바로 이 향이었다. 절에 온 것 같은 자연의 향이라 가만히 맡고 있으면 기분이 좋아진다. 두 번째는 교보문고의 책향 스프레이다. 일을 하다가 뭔가 고착 상태에 빠졌을 때 책상 주변에 뿌려주면 환기가 되는 듯하다. 상큼한 시트러스향도, 향을 뿌리는 행위도 모두 기분 전환에 도움이 된다.

세 번째는 프라우카의 피지오 밸런싱 오일이다. 주로 마음의 긴장을 풀 때 사용한다. 잠깐 눈을 감고 쉬어갈 때 손목에 오일을 몇 방울 떨어뜨리고 크게 호흡한다. 눈을 감고 향과 함께 숨을 쉬면 지금 이 장소에서 잠시 벗어난 듯한 느낌이 든다. 마지막은 그린허브 인헤일러. 태국의 허브 제품이다. 강렬한 민트향이 노곤한 정신을 깨워주고 코를 뻥 뚫어준다.

3. 청각적 전염: 음악이 몰입과 이완을 돕는다면

음악은 몰입과 이완을 돕는 강력한 도구다. 나는 '바이노럴 비트Binaural beat'를 즐겨 듣는다.

바이노럴은 특정 주파수의 소리가 양쪽 귀에 다르게 전달될 때 발생하는 청각 현상을 말한다. 예를 들어 이어폰으로 한쪽 귀에는 93Hz를, 다른 쪽 귀에는 103Hz를 들려주면 실제 귀에는 이 두 Hz의 차이인 10Hz로 들리는데, 이 주파수가 집중과 이완을 잘할 수 있는 뇌파를 유도한다고 한다. 주파수의 범위에 따라 뇌의 상태가 달라지는데, 8~13Hz의 알파파는 유연하고 창의적인 사고를, 14~30Hz의 베타파는 집중과 각성을, 0.5~4Hz의 델타파는 깊은 수면과 치유를 돕는다.

나는 이 중에서 알파파를 자주 듣는다. 마치 물 위에 떠 있는 듯한 고요한 감각을 불러일으키기 때문이다.

마음을 안정시키는 주파수

▶ 같이 들어요!

제가 자주 듣는 알파파는 타일러 님이 운영하는 〈타일러 볼까요?〉 유튜브 채널에서 처음 알게 되었어요. 어렸을 때 해수욕장에서 소란한 인파 소리, 파도 소리를 듣다가 물에 막 들어갔을 때 꿀렁꿀렁하는 진동음과 함께 나 혼자 우주를 유영하는 듯한 느낌을 받은 적이 있는데요. 이 비트가 비슷한 감각을 불러일으켰어요. 이 글을 쓰는 지금도 듣고 있는 중이랍니다. '사운드 클라우드'에서 'Miyus Alpha Waves 93~103 Hz'를 검색하면 들을 수 있어요.

---

4. 정서적 전염

: 내 한계점을 알 수 있다면

최근 내 인간관계에 대해 발견한 점이 있다. 일주일에 새로운 사람을 만나는 약속이 2개 이상을 넘어가면 급격히 에너지가 소진된다는 것이다. 일주일에 1번 정도는 괜찮거나 버틸 만한 수준이었고, 2번 이상이 되면 과부하가 걸렸다. 이를 깨달은 후, 스스로 허용할 수 있는 관계의 한계를 설정했다. 약속을 조율하고, 마음이 내키지 않을 때는 정중히 거절한다.

누구와의 만남이 에너지를 주고 또 소진시키는지를 감지하는 일도 중요하다. 나는 진지함 속에 유머를 가진 사람과 대화할 때 재미를 느끼고, 목소리가 지나치게 큰 사람과의 대화는 불편하다. 어떤 약속에 다녀왔을 때 마음이 불편하거나 버겁게 느껴지는지 관찰해본다.

이처럼 내 상태를 이해하고, 스스로를 지키는 연습을 통해 건강한 관계의 경계선을 만들어가고 있다.

: 삶에 유희와 기쁨을 들이고 싶다면

일에 도움이 되는 인맥과 경험을 쌓겠다는 목적 없이 그냥 재밌어서 무언가를 하는 시간이 내게는 절대적으

도약을 위한 휴식

로 필요하다. 그중 하나가 휴식 북클럽을 운영하는 일이다. 이 북클럽에서는 삶의 여유, 태도, 살아가는 방식에 가이드가 될 만한 책을 1권 선정해 읽은 후, 한 달에 1번 크루들과 만나 깊은 대화를 나눈다. 특히 각자의 방식으로 읽은 책이 서로의 해석과 합쳐지며 새로운 시각을 만들어낼 때 큰 즐거움을 느낀다. 혼자 읽었을 때는 지나쳤던 부분에 새 밑줄이 그어지고, 요즘 내가 생각하는 관점과 연결돼 새로운 생각을 하도록 도와준다. 내게 책과 북클럽은 나를 편안하게 만들어주는 안전지대이자, 유희와 기쁨의 전염을 느끼게 해주는 소중한 존재다. 이런 단순한 재미와 몰입의 시간은 때로 고요한 휴식보다 더 강력한 회복을 가져다준다.

감정 전염이라는 현상을 이해하고 활용하면서 삶을 바라보는 관점도 달라졌다. 환경이 나에게 영향을 주는 것처럼, 나 또한 환경에 새로운 변화를 만들어갈 수 있다는 걸 깨달았다. 한번은 다들 바쁜 마감 업무에 지친 날이었다. 무거운 공기가 사무실을 감돌 때, 조심스럽게 밝고 경쾌한 재즈 음악을 틀어보았다. 시간이 지나면서 동료들의 굳어있던 어깨가 살짝 들썩이고, 긴장된 표정이 조금씩 풀어지는 모습을 발견했다. 이렇게 작은 시도로도 분위기가 달라지는 것을 보며 감정 전염의 영향력을 직접 경험할 수 있었다. 감정 전염이 일종의 순환임을 깨달으면서 나도 누군가에게 영향을 줄 수 있다는 사실을 자각하게 된 것이다. 예전에는 주변의 부정적인 에너지를 피하는 데 집중했다면, 이제는 나만의 에너지를 어떻게 더 넓게 전파할 수 있을지 고민한다.

또한 하루를 계획할 때 '어떤 감정과 함께 시간을 보낼까'를 먼저 생각한다. 회의가 많은 날은 틈틈이 창밖을 바라보며 눈의 휴식을 취한다. 글쓰기가 필요한 날은 아침부터 좋아하는 향초를 켜고 바이노럴 비트를 튼다. 피곤한 저녁에는 식물에 물을 주며 하루를 정리한다.

무엇보다 중요한 변화는 스스로를 대하는 태도였다. 부정적인 감정이 들 때면 그것을 바꾸려 애쓰는 대신, 잠시 그 감정을 관찰한다. 그리고 내게 도움이 되는 환경으로 천천히 자리를 옮긴다. 책상 위에 널브러진 필기구들을 색깔별로 정리하거나, 카페에서 오늘 떠오른 생각을 노트에 적어보거나, 골목길을 천천히 거닐며 주변의 작은 변화를 살피는 등 작은 실천들이 쌓이면서 일상이 더 단단해졌다.

전염된다는 것은 마음을 내어준다는 뜻이다. 나는 무엇에 마음을 내어주고 싶은지, 어떤 시간에 나를 물들이고 싶은지, 오직 내 생각으로 가득 찬 시간을 설계해보자. 이기적으로, 다정하게.

내게 긍정적 감정 전염을 일으키는 환경을 설계해보세요. 내가 좋아하는 감각과 활동을 떠올리며 자유롭게 기록해봅니다.

1. 시각적 전염: 내 눈이 편안해지는 장면들

- -

- -

2. 후각적 전염: 나를 진정시키는 향기들

- -

- -

3. 청각적 전염: 내 귀에 위로가 되는 소리들

- -

- -

4. 정서적 전염:

▫ 내 에너지를 채우는 관계들

- -

- -

▫ 순수한 즐거움을 주는 활동들

- -

- -

비행모드 휴식

얼마 전 독일로 출장을 다녀왔다. 보드게임 작가로 활동하고 있는 남편의 신작이 출시되어 그 작품을 처음으로 선보이는 자리인 독일의 '에센 슈필Essen Spiel' 박람회에 함께 참석한 것이다. 박람회 현장은 전시를 준비하는 참가자들과 수많은 관람객이 모여 긴장과 흥분이 뒤섞인 에너지로 가득했다. 박람회장에서 요구되는 육체적, 정서적 노동을 예상하며 바짝 긴장한 상태로 그곳에 도착했다.

예상대로 현장에서의 시간은 정신없이 흘러갔다. 그러다 잠깐 난 틈에 스마트폰을 켰는데, 갑자기 내 폰이 위치 추적이 되고 있다는 경고 메시지가 떴다. 깜짝 놀라 메시지의 내용도 정확히 이해하지 못한 채 "네, 삭제하겠습니다"라는 문구에 OK를 눌렀다. 순간 내 스마트폰이 초기화되었다. 너무 순식간에 벌어진 일이라 꿈인지 현실인지 알 수 없을 정도로 얼떨떨했다. 나는 얼어붙은 채 주변에 도움을 요청했다. 다행히 로밍과 몇 가지 설정을 되돌려 기본적인 기능은 사용할 수 있게 되었지만, 내 스마트폰 안의 모든 데이터는 삭제된 상태였다.

그 와중에도 박람회 참여는 계속되어야 했다. 초기화된 스마트폰의 복구를 걱정하며 관람객을 응대했다. 예상과 달리 급한 연락은 한 통도 오지 않았다. 곰곰이 생각해 보니 애초에 내게 급하게 올 연락 자체가 없었다. 박람회 전후로 꼭 필요한 일들은 미리 처리해두었고, 나머지는 분초를 다투지 않아도 되는 일들이었다. 돌이켜 보니, 나는 그동안 불필요한 알림과 소식에 쫓기며 스스로를 바쁘게 만들어왔던 것이었다.

시간이 지나면서 묘한 해방감이 찾아왔다. 중간중간 텅 빈 시간이 생길 때마다 무의식적으로 스마트폰을 확인하려던 내 습관이 자각됐다. 잠깐 화장실에 갈 때, 음식을 주문하고 기다릴 때, 택시를 타고 이동할 때, 그 모든 짧은 순간에도 늘 디지털 세상과 연결되어 있으려 했던 것이다. 이제 아무것도 확인할 수 없게 되자 나는 멍하니 사

도약을 위한 휴식

람들을 구경했다. 그러다 지루해지면 박람회장을 한 바퀴 돌며 게임을 구경했다. 조금 더 답답해지면 푸드코트가 있는 외부공간으로 나가 바람을 쐬고 돌아왔다. 디지털 세계와 단절된 진공상태에 들어와 있는 느낌이 들었다.

우연의 일치로 이곳은 디지털과 거리가 먼 물성의 세계, '보드게임'으로 가득했다. 수만 명의 플레이어들이 주사위를 굴리고 카드를 고르며 오프라인의 세계에 빠져 있었다. 그들의 모습에서 디지털 세계를 벗어난 순수한 몰입과 즐거움이 느껴졌다. 화면이 아닌 실제 사람들과 마주 보며 게임을 즐기는 모습은 마치 잃어버린 세상과의 연결 방식을 되찾은 듯했다.

이 경험은 나의 디지털 의존도를 돌아보게 만들었다. 하루 중 얼마나 많은 시간을 스마트폰과 함께 보내는지, 그 시간 동안 놓치고 있는 것은 무엇인지 생각하게 됐다. 실제로 우리는 알림음이 울리면 대화를 중단하고, 식사 중에도 수시로 메시지를 확인한다. SNS의 좋아요 숫자에 일희일비하고, 끊임없이 쏟아지는 정보 속에서 불안감을 느낀다.

스마트폰은 며칠 만에 정상화됐지만, 이 물리적 단절은 새로운 감각을 일깨웠다. 그 후로 종종 스마트폰이 없는 '비행모드 산책'을 즐기기 시작했다. 비행기에 탑승할 때처럼 디지털 연결을 끊고, 오직 내 걸음과 호흡에만 집중하며 걷는다. 그러면 자연스레 속도가 늦춰지고, 산만함이 줄어든다. 자극적인 것들에 대한 갈증도 사라진다. 거리의 소리, 바람의 촉감, 계절의 변화가 더 선명하게 다가온다. 단순한 이완의 경험이지만, 작은 회복을 느낄 수 있다. 그날 박람회장에서 느꼈던 해방감과 자유로움이 떠오른다.

마릴린 폴의 《일하지 않는 시간의 힘》(김태훈 옮김, 청림출판, 2019)에서는 "정기적으로 휴식을 취하면 인간관계를 개선하고 다정한 사람이 될 수 있다"라고 말한다. 되돌아보면 피곤한 상태에서는 감정적 반응이 잦았고, 비슷한 생각만 계속 떠올리며 기분 관리가 되지 않았다. 스마트폰과 강제 단절된 상태에서 나는 느린 걸음과 고요한 관찰을 통해 이완과 회복의 시간을 경험했다.

단절의 시간은 역설적으로 나와의 연결을 강화한다. 끊임없는 알림과 메시지 속에서 놓치고 있던 내면의 소리를 듣게 된다. 잠시 멈춰 서서 주변을 둘러보고, 내 호흡을 느끼고, 지금 이 순간에 온전히 머무는 휴식이다. 비행모드는 단순한 디지털 단절을 넘어 새로운 일상의 방식을 제안한다. 매일 아침 눈을 뜨자마자 확인하던 알림을 잠시 미루고, 창문을 열어 새소리를 듣는다. 저녁 시간에는 SNS의 스크롤을 내리는 대신 차 한 잔의 여유를 택한다. 이런 작은 실천들이 모여 하루의 질을 바꾼다.

특히 주말은 더 과감한 단절을 시도한다. 스마트폰을 서랍에 넣어두고 온전히 나를 위한 시간을 보낸다. 미뤄뒀던 이불 빨래를 하거나, 우롱차가 우려지는 시간을 가만히 기다린다. 손글씨로 일기를 쓰다가 낙서를 하기도 한다. 처음에는 어색하고 불편했지만, 이제는 이 고요한 시간이 기다려진다. 관계의 측면에서도 변화가 생겼다. 친구를 만날 때는 폰을 가방 안에 넣어둔다. 서로의 눈을 마주 보며 대화하면 더 깊이 교감할 수 있다. 때로는 불편한 침묵이 찾아오지만, 침묵은 다시 뜻밖의 연결을 만든다.

매 순간 디지털 세계와 연결되어 있던 모습, 틈만 나면 스마트폰을 확인하던 불안한 손짓들이 이제는 더 선명하게 보인다. 자발적 단절은 내 안에 여백을 만들었고, 그 여백은 새로운 가능성으로 채워졌다. 사람들의 표정을 더 자세히 보게 되었고, 공간의 분위기를 온전히 느낄 수 있게 되었다. 완벽한 단절이나 철저한 규칙이 아닌, 자연스러운 흐름 속에서 나만의 방식을 찾아가는 중이다. 때로는 무계획이, 때로는 느린 속도가, 때로는 잠시의 멈춤이 필요하다는 사실을 배웠다. 스마트폰이 없는 시간이 두려움이 아닌 기대가 되는 순간, 비로소 진짜 휴식은 시작된다.

쉬어도 쉬어도 피곤하다는 느낌이 든다면, 나를 위한 회복의 선순환 루틴을 만들어보세요. 디지털 세계와의 접속을 끊고 물리적 단절을 만들 수 있는 나만의 비행모드는 어떤 시간인가요? 아래의 예시를 참고해 작성해보세요.

▷ 예) 편안하게 뜨개질하기, 상쾌하게 달리기, 느긋하게 산책하기, 유연하게 요가하기, 집중해서 책 읽기, 고요하게 명상하기, 솔직하게 일기 쓰기, 아무렇게나 그림 그리기, 따뜻하게 목욕하기, 정성스럽게 식물 돌보기, 꽃꽂이하기, 좋아하는 악기 연주하기, 창의적으로 요리하기, 자전거 타기, 종이접기 하기, 도자기 공예나 목공예 배우기, 퍼즐 맞추기, 한가로이 창밖 구경하기, 반려동물과 산책하기, 공원에서 피크닉 즐기기, 세심하게 스케치하기, 자유롭게 색칠하기, 친구와 함께 보드게임 하기, 햇볕을 받으며 커피 마시기, 손으로 천연 비누 만들기, 음악 감상하기, 자연 속에서 캠핑하기, 진심 담아 편지 쓰기, 작은 DIY 프로젝트 시도하기, 바람을 맞으며 해변이나 산에서 쉬기, 창의적으로 마인드맵 그리기, 찻잎을 우려 따뜻한 차 마시기, 사진 앨범 꾸미기, 모험하듯 낯선 동네 산책하기, 다른 동네의 도서관 방문하기, 밤하늘의 별 보기, 향을 음미하며 와인 테이스팅하기, 수영하기, 전력질주해 보기, 기차 여행하기, 음악회 참석하기, 칵테일 만들기, 여유롭게 브런치 즐기기, 내 꿈 적어보기

나만의 비행모드:

나를 알아가는 일에는
끝이 없다

지난해 한 기관에서 시니어를 대상으로 휴식 워크숍을 해보지 않겠냐는 제안을 받았다. 덜컥 수락했는데, 시작 전 참가자 명단을 확인하고 자신이 없어졌다. 예상보다 연령대가 높은 분들이 꽤 많았기 때문이다. 60대, 70대는 물론이고 80대 참가자도 계셨다.

처음에는 겁이 났다. 이분들이 공감할 만한 이야기를 과연 할 수 있을까? 혹시 "매일매일 건강하게 사는 노하우"를 알려주는 강의로 오해받지는 않을까 하는 걱정에 휩싸였다. 수업에 사용할 PPT 내용을 하나씩 바꿔나갔다. 자전거 타기를 산책으로, 새로운 전시회 관람은 친구들과의 대화로 최대한 현실적이고 공감할 만한 내용들로 재구

성했다.

현장에 도착한 나는 평소보다 긴장한 상태였다. 떨리는 마음으로 참가자들 자기소개를 들으며 수업을 시작했다. 내 걱정이 기우였음을 깨닫는 데는 오랜 시간이 걸리지 않았다. 참가자들은 다양한 이유로 워크숍에 참여했지만, 공통된 동기가 있었다. 매번 비슷한 방식으로 쉬는 것 같은데 잘하고 있는지 모르겠다, 다른 사람들은 어떻게 쉬는지 궁금하다는 것이었다. 정말로 잘 쉬는 법이 궁금하다며 눈을 반짝이는 모습을 보았다.

나는 그동안 노년이 되면 나에 대해 어느 정도 알게 되어 더 이상 궁금한 것이 별로 없으리라고 생각해왔다. 부끄럽고 편협한 오해였다. 유연하지 못한 것도, 배움에 대한 열정을 잃는 것도, 나라는 울타리에 스스로를 가두는 것도 나이가 요인이 될 수는 없다. 누구든 언제나 그런 상황에 놓일 수 있다.

물론 '휴식박사과정'이라는 타이틀을 보고 이 수업을 신청했다면 기본적으로 '쉼'이라는 주제에 대한 호기심과 배움의 열정이 있는 분들일 것이다. 하지만 그런 조건을 모두 배제하더라도 참가자분들은 내가 생각한 것 이상으로 스스로에 대해 무척 궁금해했다. 자신이 좋아하는 휴식 시간을 이야기할 때 진지하게 설명했고, 다른 사람들이 쉬는 방법에 대해서도 호기심을 가지고 질문을 던졌다. 이런 열정은 과연 어디에서 나오는 것일까.

그건 나를 새롭게 보고자 하는 마음이었다. 이미 다 안다는 확신 대신, 여전히 배우고 탐험할 것이 남았다는 기대감이었다. 몇 년 전의 취향이 지금도 유효할 거란 가정 대신, 현재의 즐거움을 찾으려는 노력이었다. 나를 새롭게 볼 수 있다면, 더 정확히 말해 '지금 버전의 나'를 잘 관찰할 수 있다면 삶은 훨씬 주도적으로 변한다.

최근 내 안의 작은 변화를 발견했다. 날씨에 민감한 나는 늘 맑은 날만 좋아했다. 맑은 날에는 기분이 좋아지고, 비 오는 날에는 축 처지곤 했다. 어느 날 아침, 창문을 열었을 때 비가 후드득 내리고 있었다. 그날따라 밖에 돌아다니는 사람들의 말소리 대신 귓가에 오직 빗소리만 선명히 들려왔다. 그러자 마음이 차분해졌고, 서늘한 공기가 오히려 기분 좋게 다가왔다. 하루 종일 다른 일을 하다가 문득문득 들리는 빗소리를 의식했다. 그날의 경험으로 어느새 내가 비 오는 날을 좋아하게 됐다는 걸 깨달았다.

그 순간 나에게 '비 오는 날을 좋아하는 사람'이라는 새로운 정의가 추가되었다. 내 사전에 새로운 내 모습이

도약을 위한 휴식

업데이트된 셈이었다. 나는 겨울보다 여름을 더 좋아하지만, 또 어느 시절에는 겨울을 좋아하게 될지도 모른다. 구름 많은 날씨나 장대비를 사랑하게 될 수도 있다. 나를 단한 가지 모습으로만 이해하려 했다면, 이런 변화를 알아차릴 수 없었을 것이다. 계속해서 스스로를 새롭게 바라보지 않았다면, 오래된 버전으로만 살았을 것이다.

한 해가 지나 다른 기관에서 새로운 수업을 제안받았다. 이번에는 마음먹고 시니어 수업으로 기획한 것이 아니었는데, 평일 낮이라 그런지 참가자들의 연령대가 거의 60대 이상이었다. 이번에는 '휴식 수집가' 보드게임을 함께 해보고 일주일 안에 각자 시도하고 싶은 휴식에 대해 공유하는 시간을 가졌다. 그중 한 80대 어르신이 이렇게 말했다.

"나이가 들면 하체 근력이 중요하다고 하는데 이번 여름이 유독 더워서 그랬는지 기력이 좀 없었어요. 더 많이 돌아다니고 싶고, 내 마음대로 움직이고 싶어서 일주일 안에 하체 운동을 시작해보려고 해요. 스쿼트인가 그게 좋다던데, 그걸 한 번이라도 해볼게요."

스쿼트라니. 80대 어르신의 입에서 그 단어가 나올

줄이야. 실제 할 수 있을지 없을지와 관계없이 어르신의 그 결연한 의지에 박수가 쏟아져 나왔다. 허무맹랑하게 느껴진다기보다는 자신에 대한 편견을 가지지 않고 '그냥 한번 해보지, 뭐'라는 단순하고 순수한 자신감이 멋져 보였다.

노년의 삶에 대한 오해는 사실 스스로에 대한 의심에서 시작되었다는 것을 어르신의 말을 듣고 알게 됐다. 계속 같은 자리에 앉아 맑은 날을 좋아하는 나만 바라봤다면, 매일의 나는 더 이상 새롭지 않았을 것이다. 뻔히 잘 알고 있는 나로만 사는 게 재미없었을 것이다. 새로운 날씨로의 모험이 즐겁지 않았을 것이다. 마치 360도 카메라처럼, 최대한 많은 각도에서 새롭게 나를 바라보는 연습을 하고 싶다.

무엇을 좋아해도 이상하지 않은 나, 새로운 시즌을 맞이해도 괜찮은 나, 이전에 좋아했던 것들을 잘 흘려 보내주는 나, 80대에도 스쿼트에 도전할 수 있는 나. 그렇게 새로운 마음으로 스스로를 맞이할 준비가 된 나로 살고 싶다. 그런 마음이라면 어떤 내일이 와도 덜 두렵지 않을까. 10년 후의 내가, 20년 후의 내가 두렵다기보다는 궁금해지지 않을까.

도약을 위한 휴식

현재의 나를 더 깊이 이해하고, 새로운 가능성을 발견하기 위해 기록을 시작해보세요. 과거의 내가 아닌 '지금의 나'를 관찰하는 것이 핵심입니다.

I. 나의 변화 발견하기

최근 6개월 동안 나에게서 발견한 새로운 점들을 적어보세요.

▷ 예) 비 오는 날의 고요함을 좋아하게 됨, 혼자만의 시간이 더 편안해짐

새롭게 좋아하게 된 것: ----------------------------------

최근 불편해진 것: --

예전과 달라진 취향: ---

205

2. 새로운 시도 계획하기

한 번도 시도해보지 않았지만 해보고 싶은 일들을 자유롭게 적어보세요. 부담 없이 작은 일부터 시작해도 좋아요.

이번 주에 시도해보고 싶은 것:

이번 달에 시도해보고 싶은 것:

올해 안에 시도해보고 싶은 것:

3. 하고 싶지 않은 것 덜어내기

때로는 '하지 않기로 결정하는 것'이 더 중요한 선택이 됩니다. 과거의 습관이나 관성으로 이어오던 일 중 이제는 나에게 맞지 않는 것들을 살펴보세요.

도약을 위한 휴식

"일을 그만두니
더 괴로워졌어요"

일을 그만두면 매일이 휴식 같을 줄 알았는데 며칠 지나고 나니 불안과 걱정이 밀려와서 마음이 편하지 않아요. 불규칙한 생활을 하니 몸도 더 처지고요. 쉬어도 평화가 오지 않는 저는 뭐가 문제인 걸까요?

나는 무엇으로부터
독립해야 하는가

일을 그만두고 나서 사람들이 겪는 불안의 종류는 정말 다양한데요. 나를 믿지 못하는 마음에서 시작된 불안일 수도 있고, 좋아하는 일을 찾지 못해서 생겨난 불안일 수도 있어요. 때로 이 결정이 맞는지에 대한 의심이 불안을 일으킬 수도 있죠. 중요한 것은 나를 흔드는 불안이 무엇인지 파악하고, 그 불안을 알아가는 과정 속에서 진짜 나를 만나게 된다는 사실이에요. 바로 여기서부터 독립된 어른으로 살아갈 준비가 시작된다고 생각해요.

H님의 고민을 보니 몇 해 전 본 〈겨우, 서른〉이라는 중국 드라마가 떠올랐어요. 이 드라마는 상하이에 살고 있는 서른 살의 친구들의 이야기인데요. 극의 초반에

는 여자 주인공 셋의 캐릭터가 평면적이라고 느껴졌어요. 그런데 중반 이후에 각자가 가진 결핍을 건드리는 사건이 발생하면서부터 급격히 빠져들게 됐어요.

지금의 내 모습에 만족하지 않는 나, 지나친 책임감을 가지고 사는 나, 어른이 되어서도 여전히 누군가에게 의존하면서 사는 나. 주인공들은 직면한 적 없는 새로운 사건과 선택의 기로 속에서 '나는 무엇으로부터 독립해야 하는가?'라는 질문의 답을 찾아가는 과정을 겪어요. 이 서사를 간단히 소개해볼게요.

왕만니: 스스로에 대한 불신으로부터 독립

경제적 성공에 대한 강박을 느끼는 캐릭터다. 열심히 일하지만, 현재의 내 모습이 한심하게 느껴질 때가 많다. 돈이 많다는 이유로 의심스러운 부분이 많은 남자에게 끌리게 된다. 지금의 내 모습에서 벗어나고 싶은 마음과 싸우며 그 남자를 받아들이고 사랑하게 되지만, 결국 그 뿌리에는 자신에 대한 불만족과 불신이 있었음을 깨닫는다. 독립을 결심한 후 그와 헤어지고 아프게 일어서며 자신을 믿어주는 과정 속에서, 그녀는 스스로의 한계를 설정하지 않는 사람으로 성장한다.

구자: 타인을 중심에 두는 일로부터 독립

구자는 책임감을 중요하게 여기는 캐릭터다. 그래서 늘 나 자신은 우선순위에서 밀린다. 타인의 일을 해결해 주는 데 누구보다 능하지만, 자기 문제에 있어서는 모든 것을 혼자 해내려 한다. 누구에게도 의지하지 못하는 모습을 마주하며 한계를 느낀다. 믿었던 남편의 배신을 알고 혼자서 감당하려고 했지만 불가능함을 깨닫는다. 그녀는 결국 자신에게 집중하는 삶을 택하고, 타인을 중심에 두는 일에서 독립하면서부터 진짜 자신의 삶을 살게 되었다.

중샤오친: 의존으로부터 독립

중샤오친은 혼자서 결정하는 것을 어려워하는 캐릭터다. 그녀는 부모님의 간섭 속에서 늘 타인의 결정을 받아들이며 살아왔고, 이혼까지 떠밀리듯 선택하게 된다. 그러나 그 선택이 정말 내가 원했던 건지 혼란스러워하며 살아간다. 어느 날, 처음으로 자신이 선택하기로 결정하고 글을 쓰기 시작한다. 글쓰기를 통해 그녀는 점차 의존에서 벗어나 진정한 독립을 경험해 나간다.

이들의 독립 과정을 지켜보면서 '선택은 무언가로부터 독립하는 것이구나'라는 사실을 깨달았어요. H님이 일을 그만두고 잘 쉬지 못하는 나를 마주하게 됐다면, 그건 무언가로부터 열렬히 독립하는 과정 속에 있다는 증거라고 생각해요. 그동안 피해왔던 내 모습을 직면하며 조금 더 객관적으로 나를 탐구할 수 있는 기회이기도 해요. '잘 쉬지 못하고 있다'라는 표면적인 현상에서 한 발짝 떨어져 '나는 지금 무엇으로부터 독립하고 있는가?'에 대한 답을 찾을 수 있는 기회가 바로 지금이라는 생각이 들어요.

저 역시 계속 독립이라는 주제를 관통하며 살고 있는데요. 결혼을 하고 부모님과 따로 살게 됐다는 이유로 성인으로서 독립을 했다고 믿었어요. 밥벌이를 하고, 소비의 주도권을 가지고, 가고 싶은 곳에 갈 수 있는 자유가 생겼으니 독립을 이뤘다고 생각했죠. 그런데 시간이 지나면서 독립에도 여러 가지 영역이 있다는 것을 알게 됐어요. 어떤 부분에서는 꽤 능숙하고 독립적이지만, 또 어떤 부분에서는 한없이 서툴고 의존적인 모습을 발견했거든요.

저는 새로운 환경과 낯선 사람들 사이에서 적응하는 것을 두려워해요. 오랜 시간 혼자 있을 때면 길 잃은 아이 같은 표정을 자주 짓기도 해요. 제 독립의 기준을 다시 생각해보면, '익숙한 환경에서의 독립'을 연습하고 있는 중이라고 할 수 있어요. 이 영역에서는 조금만 난이도가 높아져도 힘들어하고, 그 상황을 돌파하는 힘이 부족해서 조금 더 세심하게 돌봐줘야 해요. 반면에 내 감정을 인식하고, 건강한 식사를 챙기며, 실수에서 배워나가는 부분에서는 꽤 능숙한 편이에요. 이런 부분에서는 어려운 상황이 생겨도 균형을 잘 잡을 수 있고, 그렇지 않을 때도 돌파할 방법을 여러 가지로 마련할 수 있어요.

H님도 지금 독립이라는 새로운 질문을 마주한 거예요. 그럼, 이 시기를 독립의 여러 영역 중 하나로 잘 관찰하고 정리하는 시간으로 만들 수 있어요. 최근에 맞이한 변화된 일상 속에서 내가 잘 해내고 있는 부분과 어려워하는 부분을 독립의 관점에서 점검하며 재정리해보세요. 나 자신을 더 잘 이해할 수 있고, 나만의 독립을 위한 여정을 명확히 알게 될 거예요.

아래 항목을 보면서 나의 독립 점수는 1단계에서 10단계 중 몇 단계에 있는지 숫자로 적어보세요. (예를 들어, 건강한 식사 챙기기를 잘하고 있다면 10단계, 맡은 일의 마감 기한을 지키기가 유독 어렵다면 1단계라고 적을 수 있겠죠.)

1. 규칙적인 생활 습관 유지하기 ____단계

2. 나의 감정을 명확하게 인식하고 표현하기 ____단계

3. 경제적 계획 세우고 지키기 ____단계

4. 건강한 식사 챙기기 ____단계

5. 독서나 공부를 꾸준히 하기 ____단계

6. 타인의 고민을 경청하고 공감하기 ____단계

7. 자신을 위한 시간을 의식적으로 만들기 ____단계

8. 맡은 일의 마감 기한을 지키기 ____단계

9. 새로운 취미나 기술 배우기 ____단계

10. 스트레스를 적절히 해소하는 방법 찾기 ____단계

11. 인간관계에서 갈등을 피하지 않고 해결하기 ____단계

12. 필요한 순간에는 타인에게 도움 요청하기 ____단계

13. 자신을 믿고 긍정적으로 생각하기 ____단계

14. 혼자 여행을 가거나 혼자만의 시간 보내기 ____단계

15. 스스로 동기 부여하고 지속적으로 노력하기 ____단계

16. 창의적인 아이디어를 내고 실행하기 ____단계

17. 실수에서 배움을 얻고 발전하기 ____단계

18. 타인의 평가나 시선을 의식하지 않기 ____단계

19. 새로운 환경이나 변화에 빠르게 적응하기 ____단계

20. 혼자 있는 시간에 불안해하지 않기 ____단계

21. 낯선 사람들과 자연스럽게 대화하기 ____단계

22. 나의 한계를 인정하고 무리하지 않기 ____단계

23. 감정적으로 독립적이기
   (타인의 감정에 과도하게 휩쓸리지 않기) ____단계

24. 스스로 중요한 결정 내리기 ____단계

25. 비판이나 부정적인 피드백을 수용하기 ____단계

26. 계획대로 되지 않을 때 유연하게 대처하기 ____단계

27. 지나친 책임감을 내려놓기 ____단계

28. 관계에서 적절한 거리 유지하기 ____단계

29. 타인의 도움이나 지지 없이 문제 해결하기 ____단계

30. 완벽주의에서 벗어나기 ____단계

31. 실패에 대한 두려움을 극복하기 ____단계

32. 부모나 가까운 사람의 기대에서 자유로워지기 ____단계

33. 경제적 불안감이나 미래에 대한 걱정 덜기 ____단계

34. 자신에게 과도한 비판을 멈추기 ____단계

휴식 고민 상담소

1~3단계로 표시된 항목은 그와 비슷한 상황에서 잘 대처하기가 어렵거나, 해결책을 찾지 못했던 부분일 가능성이 높아요. 그 부분은 특히 더 세심하게 고민하고 연습할 필요가 있어요. 그 과정을 통해 건강하게 독립하는 방법을 찾을 수 있을 거예요. 낮은 점수를 받은 영역에 대해서는 좀 더 구체적으로 기록을 남기고, 그 상황이나 이유를 적어보세요.

　　이 항목들 중 현재 가장 집중해서 연습하고 싶은 영역을 하나 골라보는 것도 추천해요. 만약 규칙적인 생활을 해보고 싶다면 아주 작은 단위의 실천 목표를 세우고 하나씩 도전해보는 거죠. 취침 시간과 기상 시간을 정해놓고, 일주일 중 성공한 날에는 체크 표시를 하며 기록해도 좋고요. 알람이나 음악을 설정해두거나, 좀 더 강력하게 주변에 도움을 요청할 수도 있어요. 중요한 건 이 영역에서 나는 초보의 단계에 머물러 있음을 잊지 말고 천천히 차근차근 연습해나가는 일이에요.

　　내면의 성장은 어려움을 마주하는 용기를 발휘할 때 크게 일어나요. 내가 유독 힘들어하는 일로부터 건강한 독립을 연습하는 과정은 나를 훨씬 더 깊게 이해하는 데 도움이 되고, 어려운 상황에 대처하는 회복탄력성을 키워 주죠.

　　요즘 저는 '어떤 어른으로 살고 싶은가'에 대한 생각을 자주 해요. 끊임없이 좌절하고, 끊임없이 나를 마주하는 어른으로 살고 싶어요. 미숙한 영역으로부터 도망치지 않고 힘껏 끌어안아 줄 수 있는 어른으로요. H님이 마주한 지금의 선택이 나를 알아가는 좋은 뿌리가 되기를, 앞으로의 단단한 독립의 토대가 될 수 있기를 진심으로 응원할게요.

항목	구체적인 상황과 이유
규칙적인 생활 습관 유지하기	일어나고 자는 시간이 불규칙적이라 컨디션이 좋지 않은 날이 많다. 고민이 많아서 잠에 쉽게 들지 못하고 늦게까지 스마트폰을 하게 된다.

쉼, 행복의 균형을
찾아가려는 시도

휴식을 주제로 책을 쓰려고 결정한 시기에 사실 조금 두려웠다. '내가 휴식에 대해 무엇을 안다고 책을 쓸 수 있을까?', '내가 고민한 것들이 과연 누군가에게 실제로 도움이 될 수 있을까?', '여전히 좋아하는 일을 보면 돌진하고 자주 과부하에 걸리는 나를 들키면 어쩌지?'

이런 질문들이 내 주변을 둥둥 떠다녔다. 원고가 막히는 날이면 두려움은 더욱 선명해졌다.

그때 영화 〈틱, 틱⋯ 붐!〉의 한 장면이 떠올랐다. 작곡가의 길을 계속 갈지 말지 고민하던 주인공 존은 스스로에게 이렇게 묻는다. "나를 움직이게 하는 것은 두려움인가, 사랑인가?"

이 질문은 내 안의 무언가를 건드렸다. 운동을 더 해야 할 것 같은 강박, 뒤늦게라도 경제 공부를 시작해야 할 것 같은 초조함, 영어 실력을 높여야 할 것 같은 불안, 남들은 앞서 나가는데 나만 제자리인 것 같은 조바심이 들 때마다 이 질문 앞에 섰다. "이 선택은 나를 더 사랑하고자 함인가?"

돌아보면 휴식은 내게 무수한 사랑의 시도였다. 휴식은 '지금 너 괜찮아?'라는 질문을 더 자주 던지게 해줬다. 휴식은 내 몸을 사랑하는 마음으로 운동을 시작하게 해줬고, 아침을 좋아하는 나를 위해 일찍 일어나 하루를 기록하게 해줬다. 몸이 피곤했던 내게 마음 편히 쉴 수 있는 저녁 시간을 만들어줬고, 사람에 지쳤을 때 기꺼이 다음 약속을 거절하며 혼자만의 시간을 보장하게 해줬다.

그래서 나는 이 책을 두려움 대신 사랑으로 쓰기로 했다. 잘 쉬는 것이 어떻게 자기 사랑으로 이어지는지, 그 여정만큼은 누구보다 진실되게 쓸 자신이 있었다. 글이 막힐 때마다 이 마음을 붙잡았다. 이 사랑의 기록이 누군가에게 닿을 수 있다면, 그것으로 충분했다.

무엇보다 나를 믿어주고 곁에서 함께 쉬어준 사람들이 있어 쓰기를 계속할 수 있었다. 15년 동안 나의 친구이

쉼, 행복의 균형을 찾아가려는 시도

자 동반자로 함께해온 주봉환 씨의 지지가 특히 큰 힘이 됐다. 그의 응원 덕분에 나는 더 자유로웠고, 마음껏 쉬었다. 에디터님의 진심 어린 도움도 잊을 수 없다. 첫 만남에서 뉴스레터 〈제철휴식〉의 모든 호를 소장하고 있다고 고백하신 순간, 쉼에 대해 이렇게 진심인 에디터님과 함께라면 이 책을 끝까지 쓸 수 있으리라는 확신이 생겼다. 〈제철휴식〉의 처음 기획부터 함께해준 혜미 님, 휴식 북클럽 크루들, 보드게임 유니버스 친구들까지 삶의 굽이굽이마다 비슷한 취향과 깊은 고민을 나눌 친구와 동료가 있어 나를 더 깊이 들여다볼 수 있었고, 더 잘 쉴 수 있었다.

돌이켜 보면 나는 잘 쉴 때마다 나와 조금씩 더 친해졌다. 물론 그 과정이 늘 쉽지는 않았다. 누워서 재밌는 영상을 보며 맛있는 것들을 잔뜩 먹었는데도 잘 쉬었다는 느낌이 들지 않는 주말이 있었다. 더 잘 쉬겠다면서 새로운 자극을 찾아 밖으로 나섰다가 결국 더 지쳐서 돌아온 날들도 있었다. 그럴 때마다 다시 질문했다. "오늘 내가 했던 일들은 두려움이었나, 사랑이었나?", "나를 사랑하는 마음으로 오늘 하루, 아주 짧은 순간이라도 무엇을 해주고 싶은가?"

이 질문으로 시작한 휴식이 하루의 빈틈을 채우고, 한 주의 불안을 메웠다. 그런 시간들이 쌓여 얼마나 순도 높게 나를 사랑할 수 있는지에 대해 설명하고 싶어 계속 글을 쓸 수 있었다.

휴식은 내게 단단한 터가 되어주었다. 일과 관계에서 흔들릴 때마다 돌아올 수 있는 나만의 터가 있다는 사실이 든든했다. 삶이 흔들려도 나를 위한 여유를 만들 수 있다는 자신감, 그래서 어떤 어려움도 내 삶의 전부가 되지 않을 거란 믿음. 휴식은 그렇게 삶의 결정권을 연습하는 터전이었다.

다른 건 다 잊어도 좋다. 하지만 이 문장은 끝까지 기억해주면 좋겠다.

"나를 움직이게 하는 것은 사랑이다."

이 책을 선택해 에필로그까지 읽은 사람이라면 쉼의 모든 동기를 사랑으로 새로 쓰겠다는 마음을 잊지 않았으면 한다. 더 많은 일을 해내기 위해서도, 게으른 나를 다그치기 위해서도 아닌, 오직 나를 아끼고 존중하는 마음으로 휴식을 바라봐줬으면 좋겠다. 끈질기고 단호하게 지금

쉼, 행복의 균형을 찾아가려는 시도

나는 괜찮은지 물어보는 다정함으로 쉼을 배웠으면 좋겠다. 그 마음과 함께라면 좋은 쉼의 절반은 이미 완성이다.

휴식 찾기의 기쁨

2025년 2월 14일 초판 1쇄 발행

지은이 유보라

펴낸이 김은경
편집 권정희, 한혜인, 장보연
교정교열 김주연
마케팅 박선영, 김하나
디자인 황주미
경영지원 이연정
펴낸곳 ㈜북스톤
주소 서울특별시 성동구 성수이로7길 30, 2층
대표전화 02-6463-7000
팩스 02-6499-1706
이메일 info@book-stone.co.kr
출판등록 2015년 1월 2일 제 2018-000078호

ⓒ 유보라
(저작권자와 맺은 특약에 따라 검인을 생략합니다)

ISBN 979-11-93063-82-8 (03190)

북스톤은 세상에 오래 남는 책을 만들고자 합니다. 이에 동참을 원하는 독자
여러분의 아이디어와 원고를 기다리고 있습니다. 책으로 엮기를 원하는 기획이나
원고가 있으신 분은 연락처와 함께 이메일 info@book-stone.co.kr로 보내주세요.
돌에 새기듯, 오래 남는 지혜를 전하는 데 힘쓰겠습니다.